Judith Watschinger

BUNTE WEIHNACHTS BASTELEI

Über 60 nachhaltige Ideen für Kinder

Ab 4 Jahren

CV

VORWORT

Liebe Bastelfreundin, lieber Bastelfreund!
Weihnachten – eine magische Zeit, die ich seit meiner Kindheit liebe. Das Plätzchenbacken, die Düfte, die in der Luft liegen, das liebevolle Dekorieren, heißer Apfelglühmix, flackernde Kerzen, das Knistern im Ofen und meine schnurrende Katze Roxy, die auf dem Ofen die Wärme genießt, die Lieder, die Adventskalendertürchen, Besorgungen, Geheimnisse, alte Traditionen, Zeit mit den Lieben verbringen, basteln (von Adventskalendern über Glückwunschkarten bis hin zu Geschenkanhängern) ... Wenn ich an diese Zeit denke, wird's mir warm ums Herz und ich kann es kaum erwarten, bis es endlich wieder damit losgeht.

Ich vermute einmal, dass diese Zeit bald vor der Tür steht und du deshalb dieses Buch in deinen Händen hältst. Es freut mich sehr, dich in die spannende, kunterbunte Welt des Bastelns für die Weihnachtszeit entführen zu dürfen. In diesem Buch erwarten dich Adventskalender, verschiedenste Weihnachtsdekorationen und andere aufregende Weihnachtsbasteleien, wunderschöne Weihnachtskarten, Ideen, wie man Geschenke passend verpacken kann, und zum Schluss noch stimmungsvoller Baumschmuck.

Beim Basteln ist es mir persönlich wichtig, Materialien zu verwenden, die man meist schon zu Hause hat, wie z.B. Pappe, Buch- oder Magazinseiten, Eierkartons ... So kann man loslegen, wann immer man möchte, und muss nicht vorher in zehn verschiedene Bastelläden laufen. Außerdem möchte ich beim Basteln jedem gerne Freiräume lassen, da meiner Meinung nach in uns allen eine Künstlerin bzw. ein Künstler steckt. Genaue Angaben, wie z.B. „Der Papierstreifen muss 2 cm breit sein!", findest du daher in diesem Buch nicht (wie auch in meinen anderen Büchern nicht).

Und nun kannst du auch schon starten, dir die Bastelideen anzusehen und damit loszulegen. Ich hoffe, dass du ganz viel Freude mit diesem Buch hast! Genieße die stillen Bastelmomente, denn genau solche Momente tun in unserem oft stressigen Alltag richtig gut. Ich wünsche dir und deinen Lieben eine wundervolle, magische Weihnachtszeit und schöne Festtage.

Judith

Frohe
Weihnachten

INHALT

24
16
10

With love

GRUNDAUSRÜSTUNG

Bei fast allen Ideen brauchst du immer wieder dieselben Hilfsmittel, die ich hier für dich aufgelistet habe. Bastlerinnen und Bastler sollten diese meiner Meinung nach stets griffbereit haben. Du findest diese Materialien bei den „Das brauchen wir"-Bereichen als „Grundausrüstung" angeführt. Sollten dazu noch andere Hilfsmittel (wie z.B. Heißklebepistole, Furniermesser ...) zum Einsatz kommen, habe ich das extra angegeben. Die Grundausrüstung setzt sich wie folgt zusammen:

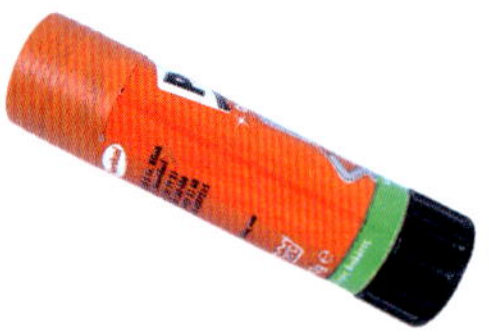

Bastelkleber

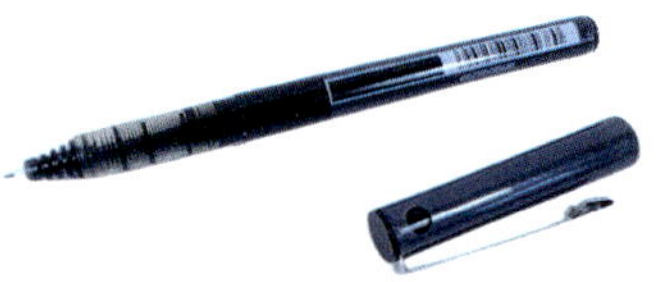

schwarzer Stift

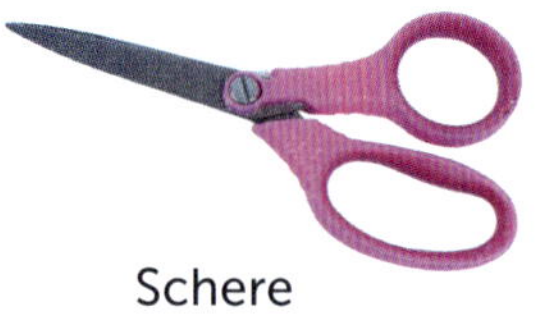

Schere

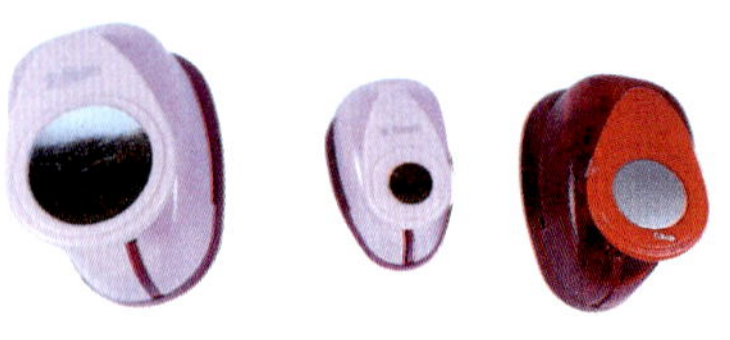

runde Motivstanzer in verschiedenen Größen

Locher

Klebestreifen

Wasserfarben, Malbecher mit Wasser, Pinsel

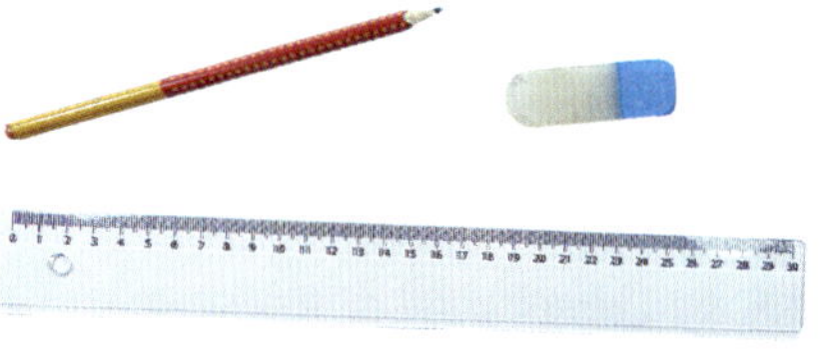

Bleistift, Radiergummi, Lineal

Kleiner Tipp: Da es sich um ein Weihnachtsbastelbuch handelt, würde dich bestimmt auch ein Stern-Motivstanzer beim Basteln sehr unterstützen. Natürlich ist es kein Muss, aber praktisch wär's! 🙂

Wichtig: Bei manchen Projekten wird eine Heißklebepistole verwendet. Bitte hier immer einen Erwachsenen, dir dabei zu helfen bzw. diese zu bedienen.

BASTELTIPPS

• Seit Jahren ist es mein Ziel, Plastik in meinem Leben zu reduzieren. So auch beim Basteln. Kulleraugen habe ich ganz aus meinem Bastelzimmer verbannt und durch Papieraugen ersetzt: Mit einem runden Motivstanzer einen Kreis aus weißem Papier ausstanzen, mit einem schwarzen Stift die Pupille aufmalen, anbringen und fertig! Beim Aufmalen der Pupillen lasse ich immer ein kleines Dreieck weiß, was die Augen besonders hübsch glänzen lässt.

• Ich liebe runde Motivstanzer! Sie zählen für mich schon länger zu meiner Grundausrüstung und erleichtern mir die Arbeit sehr. Damit kann man hervorragend Kreise für Augen (siehe oben), Köpfe, Körperteile, Kreise für Muster und Verzierungen ausstanzen. Es geht schnell, ist unkompliziert und liefert saubere Ergebnisse. Ich bin total von ihnen begeistert und empfehle sie auch dir von Herzen!

• Was du außerdem auf Vorrat haben solltest: mit Wasserfarben bemalte Buch- oder Magazinseiten. Ich setze sie total gerne ein, z.B. als Motivpapier. Sie sorgen meiner Meinung nach für das gewisse Etwas. Auch gewöhnliches Papier verschönere ich häufig mit Wasserfarben. In diesem Buch habe ich vor allem für Körperteile Papier verwendet, das ich mit hautfarbener Wasserfarbe bemalt habe, weil mir das Papier dann viel natürlicher vorkommt als das rosarote, das man oft in Bastelläden findet. Wenn bei den folgenden Ideen mit Wasserfarben bemalte Buch- oder Magazinseiten bzw. Papiere verarbeitet werden, habe ich das in den „Das brauchen wir"-Kästen vermerkt und in Klammer die benötigten Farben dazugeschrieben. Und falls du beim Basteln manchmal etwas ungeduldig bist und nicht gerne wartest, bis eine Farbe endlich trocken ist: GREIF ZUM FÖHN! Aber natürlich kannst du statt selbst bemaltem Papier bereits farbiges verwenden.

• Buntes Papier wird in diesem Buch so oder so viel benutzt. Ich persönlich sammle die unterschiedlichsten Papierreste in einer großen Schachtel. Wenn ich Papier einer bestimmten Farbe brauche, krame ich dann darin rum und werde meist fündig. Ob es nun dünneres Papier, Tonpapier oder festerer Karton ist – meistens macht das beim Basteln keinen großen Unterschied. Deshalb habe ich bei den „Das brauchen wir"-Kästen immer nur „Papier" angegeben. Wenn mir persönlich ein Papier zu dünn und zu unstabil ist, nehme ich es doppelt oder klebe es zusätzlich auf Karton. Solltest du generell lieber mit Tonpapier basteln, kannst du das selbstverständlich ebenso gut tun.

• Wenn ich an Weihnachten denke, beginnt es vor meinen Augen zu glitzern. Bei manchen Anleitungen habe ich daher Glitzerpapier verwendet. Dazu ein Tipp: Ich habe vor einigen Jahren ein Geschenk bekommen, das in goldenem Glitzerpapier eingepackt war. Wie alle Geschenkpapiere habe ich auch das aufbewahrt, um es wiederverwerten zu können, und hatte es dann später fürs Basteln schon auf Vorrat. Bevor du dir also extra Glitzerpapier kaufst, schau doch erst mal zu Hause nach, ob du vielleicht etwas in der Richtung findest: ein altes Geschenkpapier, ein schimmerndes Papierchen von einem Bonbon oder einer Schokopraline, ein glänzender Bereich auf einem Magazincover? Verwende das, statt neues Papier zu kaufen, denn Upcycling ist immer gut, würde ich sagen.

ADVENTSKALENDER BASTELN

Die Adventszeit bereitet uns still und langsam auf das Weihnachtsfest vor. Um das Warten auf das Christkind oder den Weihnachtsmann zu verkürzen, gibt es Adventskalender, die jeden Tag eine kleine Überraschung für uns bereithalten. Ganz besonders toll finde ich da selbst gebastelte, weil man sie nach Lust und Laune füllen und sie der oder dem Beschenkten genau anpassen kann. Im ersten Kapitel dreht sich alles um solche Adventskalender, wunderbare und originelle und und und. Ich zeige dir Schritt für Schritt, wie du die ganz einfach selber machen kannst. Egal ob flotte Pinguine, niedliche Rentiere, lustige Schneemänner oder winterliche Häuschen – ich hoffe, dass für jeden etwas dabei ist. Viel Spaß beim Basteln und natürlich auch beim Öffnen!

Womit können die Adventskalender gefüllt oder bestückt werden?
Hier ein paar Vorschläge:

- Gutscheine für gemeinsame Momente (z.B. Plätzchen backen, Schneemänner bauen, den Weihnachtsmarkt besuchen, den Tieren im Wald Heu und altes Brot bringen, Fackelwanderung ...)
- Liebe Briefchen (z.B. von verschiedenen Personen aus dem Familien- oder Freundeskreis)
- Zettelchen mit Tipps und Tricks (z.B. Praktisches für den Alltag)
- Zettelchen mit Bastelinspirationen
- Zettelchen mit Rezeptideen (z.B. für Waffeln, Kinderpunsch, Pizza ...)
- Zettelchen mit 24 verschiedenen Geschichten rund um Weihnachten
- Zettelchen mit einer langen Geschichte, die in 24 Abschnitte geteilt wird
- Zettelchen mit Musiktipps
- Teebeutelchen von verschiedenen Sorten
- Selbst gebackene Plätzchen
- 24 „Du musst unbedingt einmal ...“-Zettelchen (z.B. „... die Wanderung um die ‚Drei Zinnen' machen!“ „... Pfannkuchen mit Schokocreme und Banane probieren!“ „... den Film ‚Findet Nemo' ansehen!“). Lustig wird's, wenn verschiedene Personen diese Zettelchen verfassen.
- Erinnerungsfotos
- Kleine Geschenke (z.B. Stifte, Spitzer, Sticker ...)
- Honigglasmomente (verschiedene, unvergessliche Momente)

ENGELCHEN

Aufgepasst – gleich zu Anfang kommt ein ganz besonderer Adventskalender: Er besteht aus 24 Engelchen! Bastle dazu die Engelchen, verpacke sie in kleine Papiertüten und hänge jeden Tag ein Engelchen auf eine gespannte Schnur. Wenn alle 24 Engelchen auf der Schnur aufgereiht sind, ist Weihnachten.

SO WIRD'S GEMACHT

1 Schneide/stanze aus dem bemalten Papier einen Kreis aus und schneide ihn genau in der Mitte auseinander. Zeichne ein nettes Gesichtchen auf und bringe es mit Kleber am Deckel an. Schneide aus dem beliebig bunten Papier zwei Engelsflügel aus und befestige sie ebenso am Deckel.

2 Schneide ein Stück Juteschnur für die Engelsfüßchen zurecht, falte die Schnur genau in der Mitte und verknote jeweils die beiden Enden. Mit etwas Heißkleber dann die Schnur mit den verknoteten Enden nach unten am unteren Deckelrand anbringen. Reiße z.B. eine Buch- oder Magazinseite (oder anderes Papier) in kleine Stückchen und überklebe damit den restlichen Deckel.

3 Binde einige Juteschnurstückchen zusammen und bringe sie mit Kleber als strubbelige Haare an. Falls du den Engel aufhängen willst, kannst du zum Schluss noch eine Schleife am Deckelrand befestigen. Stelle weitere 23 Engelchen auf dieselbe Art und Weise her.

DAS BRAUCHEN WIR

- Mit Wasserfarben bemaltes Papier (hautfarben), Papier (beliebige Farben), Buch- oder Magazinseite, Deckel (von Schraubgläsern), Juteschnur
- Grundausrüstung + Heißklebepistole

TIPPS

- Die Engelchen können dann nach der Adventszeit als Weihnachtsbaumschmuck verwendet oder als Glücksbringer verschenkt werden.
- Die Engelchen können, statt auf der Schnur aufgereiht, auch nach und nach auf einen weihnachtlich dekorierten Tisch gelegt werden.
- Diese Adventskalender-Idee bietet sich vor allem für Kindergruppen (z.B. im Kindergarten oder in der Grundschule) an.

TIERTÜTEN

Bist du ein richtiger Tierfan und hast Lust, von Katzen, Hunden, Bären, Rentieren und vielen weiteren Tieren durch die magische Adventszeit begleitet zu werden? Dann ist dieser Adventskalender genau richtig für dich.

SO WIRD'S GEMACHT

1 Falte eine Buch- oder Magazinseite zu einer rechteckigen Tüte, die du mit Klebestreifen fixierst. Achte dabei darauf, dass eine Seite offen bleibt; die ist dann für den weiteren Bastelverlauf oben.

2 Für einen Vogel schneidest/stanzst du zwei gleich große Kreise aus beliebig buntem Papier aus. Einen faltest du genau in der Mitte, schneidest ihn auseinander und bringst ihn mit Kleber am unteren Tütenrand an. Den anderen Kreis klebst du als Kopf auf die Tüte. Schneide/stanze aus einer weiteren Buch- oder Magazinseite einen etwas kleineren Kreis für die Bauchfärbung aus und klebe ihn auf den Halbkreis.

3 Fertige zwei Papieraugen (siehe „Basteltipps" Seite 7) an. Schneide zwei etwas größere bunte Kreise aus, klebe die Augen darauf und verziere sie rundum mit kleinen schwarzen Punkten. Fertige den Schnabel, kleine, beliebig farbige Kreise und zwei Federn aus Papier an. Klebe alles auf. Zeichne mit dem schwarzen Stift Einzelheiten (z.B. die Federkonturen) auf. Schneide/stanze außerdem einen Kreis aus, auf den du die Ziffer 1 schreibst. Fülle die Tüte beliebig, verschließe sie mit einer kleinen Holzklammer und klemme dabei den Kreis mit der Zahl nach vorne zeigend mit ein. Stelle so weitere 23 Tiertüten her..

DAS BRAUCHEN WIR

- Buch- oder Magazinseiten, Papier (weiß, orange + beliebige Farben), kleine Holzklammern
- Grundausrüstung

TIPPS

- Entscheide selbst, welche Tiere du am liebsten auf den Tüten hast. Natürlich kann es ebenso gut z.B. ein reiner Rentler- oder Waschbären-Kalender werden.
- Du kannst die Tiere auch auf weißes Papier zeichnen, anmalen, ausschneiden und dann auf die Tüten kleben.

SCHNEEMÄNNER

Hast du schon einmal so viele Schneemänner auf einem Haufen gesehen? Bei diesen frostigen Gesellen brauchst du keine Angst haben, dass sie bei euch in der Wohnung plötzlich schmelzen. Leg los und bastle deine eigene Schneemänner-Schar für drinnen!

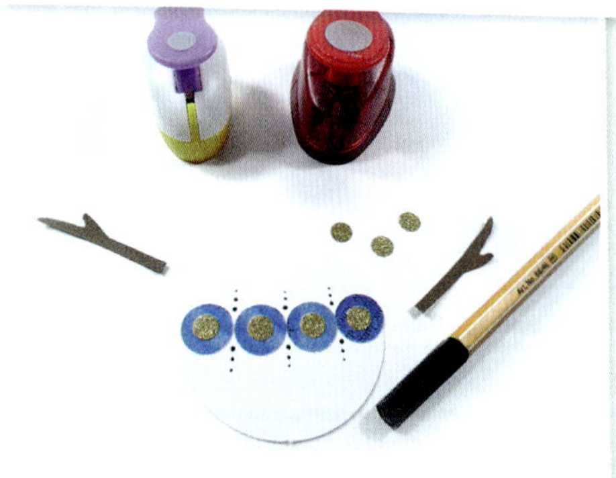

SO WIRD'S GEMACHT

1 Schneide/stanze aus dem weißen Papier einen Kreis für den Kopf aus. Fertige aus dem bemalten Papier die Karottennase sowie aus dem braunen Papier einen Hut an. Klebe alle Teile auf. Zeichne die Augen, den Mund und die Karottendetails auf.

2 Schneide/stanze aus dem weißen Papier einen etwas größeren Kreis für den Körper aus und verziere ihn beliebig mit unterschiedlichen Papierkreisen. Kleine Verzierungen (wie z.B. Punkte) kannst du auch mit dem schwarzen Stift aufzeichnen. Die Astarme schneidest du aus braunem Papier aus und klebst sie von hinten auf den Schneemann.

3 Befestige den Kopf am Körper: Schneide dafür einen kleinen Papierstreifen zurecht und klebe ihn von hinten jeweils zur Hälfte auf beide Teile. Darauf dann mit etwas Heißkleber eine Holzklammer befestigen. Stelle nun weitere 23 Schneemänner auf dieselbe Art und Weise her.

DAS BRAUCHEN WIR

- Papier (weiß, braun + beliebige Farben), mit Wasserfarben bemalte Buch- oder Magazinseite (orange, beliebige Farben), Glitzerpapier, kleine Holzklammern
- Grundausrüstung + Heißklebepistole

TIPPS

- Verwende für die weißen Teile am besten weißen Farbkarton.
- Nimm ein Stück oder mehrere Stücke Juteschnur und fädle die Schneemänner nacheinander auf (Schnurende durch die runde Feder der Holzklammern schieben).
- Beim Verzieren habe ich z.B. mit Wasserfarben blau/violett bemalte Buch- oder Magazinseiten verwendet.
- Du kannst die Schneemänner auf ganz verschiedene Weise nutzen. Ich habe zum Beispiel Zettelchen darin eingeklemmt: An jedem Tag darf dann eines herausgenommen und geöffnet werden. Du kannst aber auch kleine Geschenke verpacken und die Holzklammern daran anbringen.

BÄREN

Schau dir mal diesen Bärentrupp an! Alle sind mit einem kuscheligen Wollschal gut eingepackt. Kein Wunder: Bären halten zu dieser Zeit normalerweise Winterschlaf. Aber um 24 kleine Briefchen/Zettelchen (egal ob Gutscheine, Komplimente, Liedempfehlungen ...) zu überbringen, bleiben diese Bären gerne wach.

SO WIRD'S GEMACHT

1 Schneide/stanze aus dem hellbraunen Papier einen Kreis für den Kopf und zwei kleinere Kreise für die Ohren aus. Die Nase schneidest/stanzst du aus dem schwarzen Papier aus, die Schnauze aus dem beigen und das Ohrinnere aus den Buch- oder Magazinseiten. Klebe die kleinen Teile auf den großen Kopfkreis auf.

2 Zeichne dem Bären die Augen und die Schnauze auf. Mit etwas Heißkleber dann ein Ästchen von hinten anbringen.

3 Schneide einige gleich lange Stücke Wolle ab und binde sie als Schal um das Ästchen. Stelle eines der Briefchen/Zettelchen für den Adventskalender her, wickle es um das Ästchen und fixiere es mit einem Stück Juteschnur. Stelle weitere 23 Bären auf dieselbe Art und Weise her.

DAS BRAUCHEN WIR

- Papier (hellbraun, schwarz, beige + beliebige Farben), Buch- oder Magazinseiten, Ästchen, Wolle (beliebige Farben), Juteschnur
- Grundausrüstung + Heißklebepistole

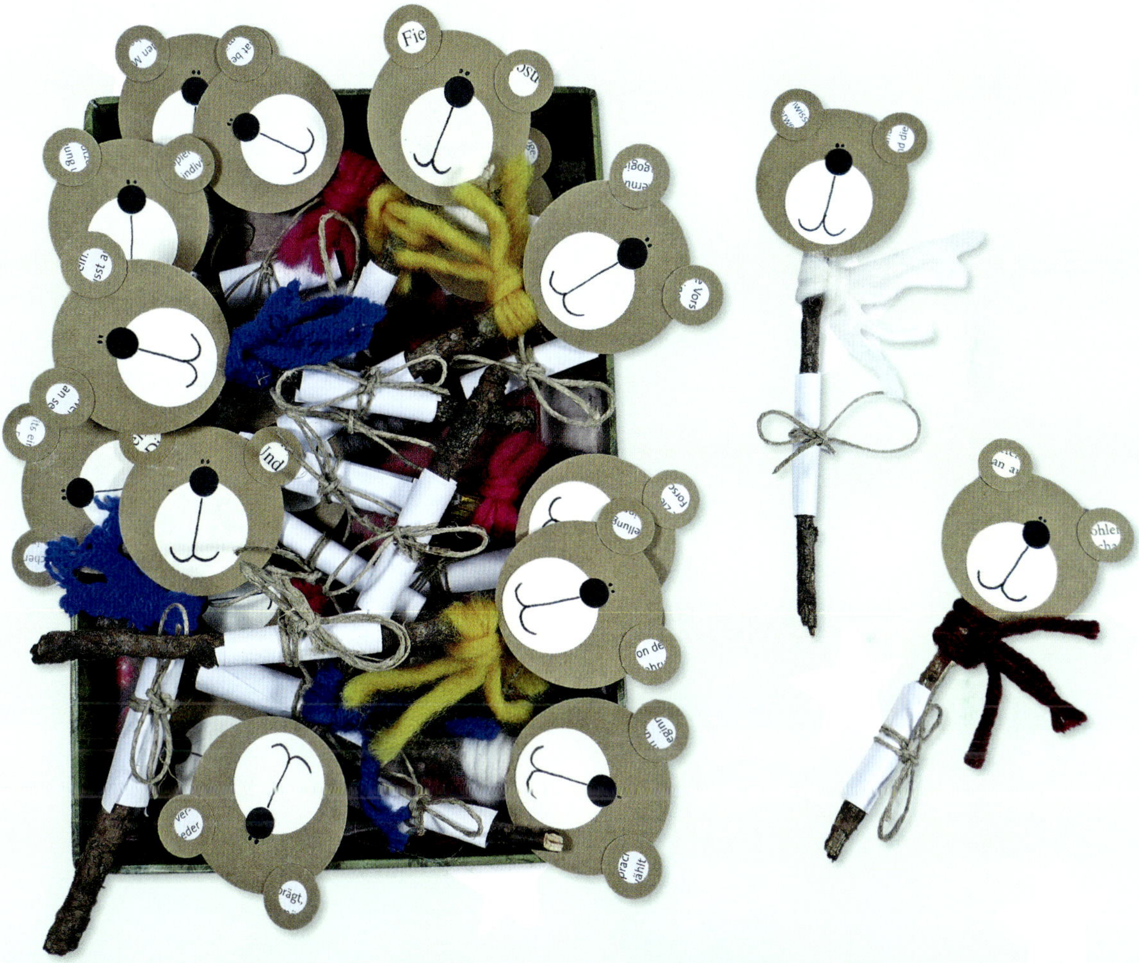

TIPPS

- Verwende für die hellbraunen Teile am besten hellbraunen Farbkarton.
- Die Bären kannst du z.B. in einen Korb oder in eine hübsche Schachtel legen. An jedem Tag des Advents darf ein Bär herausgefischt und das Briefchen/ Zettelchen entrollt werden.
- Wenn dir für die Weihnachtszeit Eisbären besser gefallen, kannst du anstelle des hellbraunen Papiers weißes verwenden.
- Eine weitere süße Variante dieses Kalenders sind kleine Rentiere statt Bären.

PINGUINE

Ähnlich wie der Bären-Adventskalender ist auch dieser Kalender für Briefchen/Zettelchen gedacht. Diese Pinguine behüten und beschützen nicht – wie sonst in der Natur – ihr Ei, sondern die Adventsbriefchen/-zettelchen, die du erstellt hast.

SO WIRD'S GEMACHT

1 Schneide/stanze aus dem schwarzen Papier einen Kreis und aus der Buch- oder Magazinseite einen etwas kleineren Kreis aus, den du auf den schwarzen Kreis klebst. Fertige einen orangen Schnabel und zwei sternförmige Füßchen aus Papier an, die du ebenfalls mit Kleber befestigst.

2 Schneide aus dem schwarzen Papier zwei Flügel und aus beliebig buntem Papier eine Wollmütze aus. Klebe alles auf und zeichne die Augen auf.

3 Reiße ein Stück weißes Papier zurecht und bringe es unten an der Wollmütze an. Zeichne einige kleine schwarze Striche darauf. Stanze dann am unteren Rand des Kreises ein Loch. Stelle eines der Briefchen/Zettelchen für den Adventskalender her, rolle es eng zusammen und binde es mit einem Stück Juteschnur durch das Loch am Pinguin fest. Stelle weitere 23 Pinguine auf dieselbe Art und Weise her.

DAS BRAUCHEN WIR

- Papier (schwarz, weiß + beliebige Farben), Buch- oder Magazinseite, mit Wasserfarben bemaltes Papier (orange), Juteschnur
- Grundausrüstung

TIPPS

- Verwende für die schwarzen Teile am besten schwarzen Farbkarton.
- Bei den Füßchen kann dich ein sternförmiger Motivstanzer unterstützen.
- Die Pinguine kannst du auf viele verschiedene Arten als Kalender verwenden: mit Holzklammern auf einer aufgespannten Schnur befestigen – oder auf einen Karton kleben (vielleicht eine dünne Korkenscheibe dazwischenkleben) – oder auf einem hübsch geschmückten Weihnachtstisch auslegen – oder in einen Korb hineinlegen.
- Entscheide selbst, ob du die Pinguine mit den Adventsziffern 1 bis 24 durchnummerieren möchtest oder ob jeden Tag einfach so nach Lust und Laune ein Pinguin ausgesucht werden darf.

EISBÄREN

Noch nie war Adventskalenderbasteln so einfach: Im Handumdrehen kannst du aus Papiertüten, die du aus gewöhnlichem weißem Papier faltest, diese niedlichen Eisbären zaubern, sie beliebig füllen und damit jemandem 24 kleine Adventsfreuden bereiten.

SO WIRD'S GEMACHT

1 Falte ein beliebig großes weißes Papierrechteck zu einer Tüte zusammen. Fixiere sie am besten mit Klebestreifen und achte dabei darauf, dass eine Seite offen bleibt; die ist dann für den weiteren Bastelverlauf oben.

2 Schneide/stanze aus dem weißen Papier zwei Kreise für die Ohren und aus dem hellbraunen Papier zwei Kreise für das Ohrinnere sowie einen Kreis für die Schnauze aus. Klebe alles auf die Tüte auf.

3 Zeichne mit dem schwarzen Stift die Augen, die Nase, die Schnauze und einige struppige Fellhaare auf. Stelle weitere 23 Eisbären auf dieselbe Art und Weise her und fülle sie beliebig.

DAS BRAUCHEN WIR

- Papier (weiß, hellbraun)
- Grundausrüstung

TIPPS

- Du kannst die Eisbären vielfältig als Kalender arrangieren: mit Holzklammern auf einer aufgespannten Schnur befestigen, auf einem hübsch geschmückten Weihnachtstisch auslegen oder in einem Körbchen aufbewahren.
- Besonders süß werden die Bären, wenn du ihnen noch eine Papier-Weihnachtsmütze verpasst.
- Natürlich kannst du die Tüten auch mit den Adventsziffern 1 bis 24 durchnummerieren.
- Stelle als Variation unterschiedlich große Eisbärentüten her.
- Oder du bastelst statt Eisbären Braun- oder Schwarzbären oder ganz andere Tiere deiner Wahl.

RENTIERE

Rudolph ist ja bekanntlich das Rentier vom Weihnachtsmann, das eine rote Nase hat. Aber was ist denn hier los? Hier tummeln sich ja total viele rotnasige Rentiere. Ob Rudolph wohl Papa geworden ist und seinen Nachkommen die rote Nase weitervererbt hat?

SO WIRD'S GEMACHT

1 Schneide/stanze aus dem hellbraunen Papier einen Kreis für den Kopf und einen etwas größeren Kreis für den Körper aus.

2 Fertige aus dem hellbraunen Papier zwei Ohren, aus dem roten Papier eine runde Nase und aus dem dunkelbraunen Papier das Geweih an. Klebe alles auf den Kopf und zeichne Ohrinneres, Augen und Mund auf.

3 Falte den Kreis für den Körper genau in der Mitte und bringe rechts oder links den Rentierkopf an. Stelle eines der Briefchen/Zettelchen für den Adventskalender her, falte es in der Mitte zusammen, schiebe es von unten in den zusammengefalteten Kreis und befestige es mit einer kleinen Holzklammer. Stelle weitere 23 Rentiere auf dieselbe Art und Weise her.

DAS BRAUCHEN WIR

- Papier (hellbraun, rot, dunkelbraun, weiß), Holzklammern
- Grundausrüstung

TIPPS

- Verwende für die hellbraunen Teile am besten hellbraunen Farbkarton.
- Du kannst die Rentiere auch mit kleinen Mustern, Papierformen (z.B. Herzchen, Sterne, Kreise ...), Glitzerpapier usw. verzieren.

WINTERDORF

Sei mal ganz leise und lausche. In diesem Winterdorf herrscht eine wunderbare Stille. Alles ruht, alles schläft. Man glaubt höchstens nur ganz schwach in einigen Häusern das sanfte Knacken im Kamin zu hören. Genau diese schöne Winteratmosphäre bringt dieser Adventskalender zu dir nach Hause.

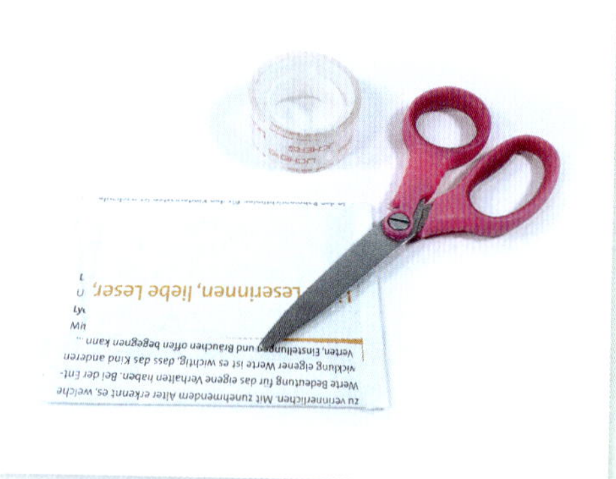

SO WIRD'S GEMACHT

1 Falte eine Buch- oder Magazinseite zu einer Tüte, die du am besten mit Klebestreifen fixierst. Achte dabei darauf, dass eine Seite offen bleibt; die ist dann für den weiteren Bastelverlauf oben.

2 Schneide aus dem hellbraunen Papier eine Haustür aus. Schneide/stanze aus dem blau bemalten Papier zwei Kreise für die Fenster aus. Klebe alles auf und zeichne mit dem schwarzen Stift Details auf.

3 Schneide aus der Pappe ein Dach sowie ein kleines Rechteck für den Kamin aus. Klebe den Kamin von hinten auf das Dach und bringe außerdem am Kamin eine kleine Buch- oder Magazinseiten-Wolke als Rauch an. Wenn du möchtest, kannst du am Dach auch noch z.B. ein Herz aufkleben und darauf eine der Adventsziffern von 1 bis 24 schreiben. Stelle weitere 23 Häuser auf dieselbe Art und Weise her und fülle sie beliebig.

DAS BRAUCHEN WIR

- Buch- oder Magazinseiten, Papier (hellbraun, weiß), mit Wasserfarben bemaltes Papier (blau), Pappe
- Grundausrüstung

TIPPS

- Am besten präsentierst du dieses Winterdorf, indem du die Häuschen mit Holzklammern nebeneinander auf einer aufgespannten Schnur aufhängst: Adventskalender und wunderbare Dekoration in einem!
- Du kannst die Fenster auch aus einfarbig blauem Papier anfertigen.

WEIHNACHTSZAUBER ÜBERALL

Weihnachten und die ruhige Zeit davor sind für mich persönlich ganz besonders! Die Tage sind kurz und oft richtig kalt. Plätzchenduft zieht durch das Haus. Es wird gebastelt, dekoriert und es werden Briefchen oder Karten geschrieben, verpackt und versteckt. Geheimnisse liegen in der Luft und eine Prise Aufregung kommt noch obendrauf. In diesem Kapitel dreht sich alles um diese magische Zeit: Du findest hier unter anderem verschiedenste Dekorationen, Inspirationen für das Briefchen an das Christkind oder den Weihnachtsmann und die Idee, jemanden mit einem Glas voll mit lieben Worten zu überraschen. Tauch ein in das Kapitel und lass dich verzaubern!

Ein Glas
mit lieben
Worten
Oma

FINGERPUPPEN

Aber hallo, aber hallo: Der Pinguin, das Lama, der Hund und der Koala sind ganz offensichtlich in Weihnachtsstimmung. Sie haben von ihren Dachböden ihre Weihnachtsmützen herausgekramt und warten jetzt ganz zappelig – vielleicht auch bald auf deinen Fingern –, bis endlich Weihnachten ist.

SO WIRD'S GEMACHT

1 Schneide aus der Pappe einen Hundekörper sowie zwei Ohren aus. Schneide/stanze aus dem beigen Papier einen Kreis für den Schnauzenbereich aus und klebe diesen und die Ohren auf den Körper. Zeichne Augen, Nase und Schnauze auf.

2 Schneide aus dem roten Papier eine Weihnachtsmütze aus. Reiße das weiße Papier in kleine Stücke und klebe sie als Verzierung auf die Mütze. Klebe dann die Weihnachtsmütze auf den Hund.

3 Drehe den Hund um. Wickle einen Papierstreifen um den Finger, auf dem du später deine Fingerpuppe tragen möchtest, und fixiere die überlappenden Papierränder mit Kleber aneinander. Bestreiche den Streifen dann mit Kleber und drücke ihn auf die Rückseite des Hundes.

DAS BRAUCHEN WIR

- Pappe (braun), Papier (beige, rot, weiß)
- Grundausrüstung

TIPPS

- Verwende für die Fingerpuppen am besten Farbkarton oder klebe sie zusätzlich auf Pappe.
- Es ist wichtig, dir vor dem Fixieren des Papierröllchens zu überlegen, auf welchem Finger du deine Fingerpuppe tragen möchtest, denn deine Finger sind ja unterschiedlich dick.
- Du könntest die gewünschten Fingerpuppen auch auf weißes Papier zeichnen, anmalen, ausschneiden, auf Pappe kleben, wiederum ausschneiden und dann das Röllchen für den Finger anbringen.

BUCHSTABENBÄUMCHEN

Diese Idee finde ich persönlich wunderbar: Mit nur wenigen Materialien und ganz einfach kann man diese hübsche Weihnachtsdekoration basteln. Keine Sorge, diese Bäumchen verlieren auch in den wärmsten Wohnungen ihre Nadeln nicht!

SO WIRD'S GEMACHT

1 Schneide aus der grün bemalten Buch- oder Magazinseite ein Dreieck für das Bäumchen aus und klebe es auf die Pappe. Schneide es aus der Pappe aus, lasse dabei etwas Rand.

2 Schneide aus der Pappe einen kleinen Stamm aus und klebe ihn von hinten auf das Bäumchen. Schneide/stanze aus dem gelben Papier einen Stern aus und bringe ihn mit Kleber oben am Bäumchen an.

3 Bitte eine erwachsene Person, den Korken mithilfe des Furniermessers genau in der Mitte auseinanderzuschneiden. Lege die Korkenhälften mit der flachen Seite auf den Tisch. Brich vom Zahnstocher ein Stück ab und stecke ihn von oben in die Korkenmitte. Mit etwas Heißkleber wird zuletzt am Zahnstocher der Baumstamm befestigt.

DAS BRAUCHEN WIR

- Mit Wasserfarben bemalte Buch- oder Magazinseite (grün), Pappe (braun), Papier (gelb), Korken, Zahnstocher
- Grundausrüstung + Furniermesser, Heißklebepistole

TIPPS

- Verziere die Bäumchen beliebig mit Sternen, Glitzerdetails, Weihnachtsbaumkugeln, Zuckerstangen und und und …
- Ein sternförmiger Motivstanzer kann dich beim Basteln unterstützen.

LESEZEICHEN

Zu Weihnachten werden gerne Bücher verschenkt: für einen Freund oder eine Freundin ein kunterbuntes Bilderbuch, für Papa eine ausführliche Heimwerker-Bibel, für Mama einen dicken Schmöker, für Oma einen spannenden Krimi ... Alle Leseratten – egal, ob klein oder groß – brauchen ein Lesezeichen. Und dafür gibt's jetzt eine Bastelidee.

SO WIRD'S GEMACHT

1 Falte die mit Wasserfarben bemalte Buch- oder Magazinseite einige Male zusammen, sodass du ein stabiles Lesezeichen erhältst. Fixiere die überlappenden Ränder auf der Rückseite mit Klebestreifen.

2 Schneide/stanze aus dem hellbraunen Papier für ein Rentier einen Kreis als Kopf sowie die Ohren aus, aus dem beigen Papier das Ohrinnere und einen Kreis für die Schnauze, aus dem schwarzen Papier einen kleinen Kreis für die Nase und aus dem dunkelbraunen Papier das Geweih. Klebe alle kleinen Teile auf den Kopf und zeichne Augen sowie Schnauze auf.

3 Bringe den Kopf mit Kleber oben am Lesezeichen an und verziere dieses beliebig. Ich habe es z.B. mit ausgestanzten Buchseiten-Kreisen und etwas kleineren Glitzerkreisen beklebt.

DAS BRAUCHEN WIR

- Mit Wasserfarben bemalte Buch- oder Magazinseite (beliebige Farben), Papier (hellbraun, beige, schwarz, dunkelbraun), Buch- oder Magazinseite, Glitzerpapier
- Grundausrüstung

TIPP

- Verwende für die Köpfe der Lesezeichen am besten Farbkarton.
- Wunderschöne Lesezeichen kann man auch aus etwas vergilbten, alten Buchseiten und kleinen Packpapier-Scherenschnitten oder sonstigen kleinen Papierformen basteln. Am oberen Rand kannst du noch ein Loch stanzen und dort ein Juteschnurstück anbringen. Möglicherweise ist so ein Lesezeichen das ideale Weihnachtsgeschenk für erwachsene Leseratten?

EIERKARTON-ENGELCHEN

Eierkartons gibt es meist in jedem Haushalt. Daraus kann man ganz tolle Schmuckstücke machen. Für Weihnachten habe ich mir diese süßen Engelchen überlegt, die gewiss in jede Wohnung einen Hauch Weihnachten bringen.

SO WIRD'S GEMACHT

1 Trenne vorsichtig vom Eierkarton den Deckel ab. Schneide aus dem hautfarbenen Papier das Köpfchen für das Engelchen aus, zeichne das Gesichtchen auf und klebe es am oberen Rand auf den Eierkartondeckel.

2 Reiße das Packpapier in kleine Stückchen und klebe sie als Haare auf. Schneide aus dem hellbraunen Papier die Flügel aus und bringe sie mit Kleber links und rechts vom Engelchen an. Reiße die Buch- oder Magazinseite in kleine Stückchen und klebe sie als Kleidchen auf.

3 Fertige einen Stern aus Glitzerpapier an und klebe ihn auf die Haare des Engelchens. Schneide/stanze zwei Kreise aus dem hautfarbenen Papier aus und bringe sie mit Kleber als Händchen an. Stich vorsichtig mit der Schere am unteren Rand des Eierkartondeckels zwei kleine Löcher, durch die du ein Stück Juteschnur fädelst. Mache für die Füßchen an beiden Enden einen Knoten, schneide zwei hellbraune Papierkreise aus, bestreiche deren Innenseite mit Kleber und drücke diese auf die beiden Enden der Schnur über dem Knoten. Am oberen Eierkartonrand befestigst du durch ebenso gestochene Löcher ein Stück Juteschnur zum Aufhängen.

DAS BRAUCHEN WIR

- Eierkarton aus Pappe, mit Wasserfarben bemaltes Papier (hautfarben), Packpapier, Papier (hellbraun), Buch- oder Magazinseite, Glitzerpapier, Juteschnur
- Grundausrüstung

TIPPS

- Du kannst den Engelchen auch Haare aus Garn oder Wolle aufkleben.
- Wenn du den Deckel nicht abtrennst und quasi den ganzen Eierkarton in ein Engelchen verwandelst, hast du eine niedliche Geschenkbox.

KORKENRENTIERE

Wusstest du, dass man aus Korken zuckersüße Rentiere ganz einfach selber machen kann? Die Rentiere kann man wunderbar als Glücksbringer verschenken oder damit die Wohnung weihnachtlich dekorieren. Los geht's!

SO WIRD'S GEMACHT

1 Bitte eine erwachsene Person, mit dem Furniermesser von der kurzen Seite des Korkens eine gerade Scheibe abzuschneiden und diese genau in der Mitte zu teilen. Dann wird der Korken an der Schnittstelle etwas schräg abgeschnitten (der Korken wird schräg abgeschnitten, damit das Rentier später etwas nach oben und nicht geradeaus blickt).

2 Schneide/stanze aus dem hellbraunen Papier einen Kreis für den Kopf und die Ohren aus, aus dem roten Papier einen Kreis für die Nase und aus dem dunkelbraunen Papier das Geweih. Klebe alles auf den Korken und zeichne Ohrinneres, Augen sowie Mund auf.

3 Mit Heißkleber dann den Kopf auf der schräg abgeschnittenen Seite sowie die Korken-Halbkreise als Füße am Korken anbringen. Hinten kann noch ein Papierschwänzchen aufgeklebt werden.

DAS BRAUCHEN WIR

- Papier (hellbraun, rot, dunkelbraun), Korken
- Grundausrüstung + Furniermesser, Heißklebepistole

TIPPS

- Verwende für die Köpfe und Geweihe am besten Farbkarton.
- Du kannst die Körper der Rentiere auch mit buntem Garn umwickeln oder die Korken mit kleinen Packpapierstückchen überkleben.

10-MINUTEN-WEIHNACHT

Diese Tüten sind ein hervorragendes Geschenk für liebe Personen. Was drinnen ist? Z.B. ein Zettelchen mit einer weihnachtlichen Geschichte, ein Teelicht, ein Teebeutel und vielleicht noch einige selbst gebackene Plätzchen. Die oder der Beschenkte kann es sich dann irgendwo gemütlich machen und diese zehn Minuten Weihnachtsstimmung ganz für sich genießen.

SO WIRD'S GEMACHT

1 Nimm das weiße Papier (ich habe z.B. ein DIN-A4-großes Blatt genommen) und male mit Wasserfarben bunte Streifen darauf, die von einem Ende des Blattes bis zum anderen reichen. Sobald die Farbe trocken ist, faltest du das Papier zu einer Tüte zusammen und fixierst diese mit Klebestreifen. Achte dabei darauf, dass eine Seite offen bleibt; die ist dann für den weiteren Bastelverlauf oben.

2 Verziere die Tüte mit kleinen Papiermustern (z.B. Sternchen, Herzchen, Punkten, Strichen ...). Ich habe dafür einen schwarzen, dünnen Stift verwendet.

3 Stanze am oberen Rand der Tüte zwei Löcher. Befülle die Tüte mit den kleinen Geschenken und verschließe sie mit einem durch die Löcher gefädelten Juteschnurstück. Du kannst auch einen hübschen Button (z.B. mit der Aufschrift „10-Minuten-Weihnacht") auffädeln und einen etwas größeren (z.B. mit einem Rentier) auf die Tüte kleben.

DAS BRAUCHEN WIR

- Papier (weiß, hellbraun, rot, dunkelbraun), Geschenke (z.B. Zettelchen mit einer Weihnachtsgeschichte, Teelicht, Teebeutel, Plätzchen ...) zum Befüllen, Juteschnur
- Grundausrüstung

TIPPS

- Für die Buttons verwendest du am besten Farbkarton.
- Du kannst auch aus Packpapier Tüten falten und diese mit kleinen weihnachtlichen Verzierungen gestalten.

WEIHNACHTSPOST

Jedes Kind weiß genau: Dem Weihnachtsmann oder dem Christkind muss ein Briefchen geschrieben werden, damit er oder es weiß, was auf den Wunschlisten der Kinder steht. Warum diesmal nicht die Briefumschläge selbst basteln und den Weihnachtsmann oder das Christkind mit einer etwas anderen Weihnachtspost überraschen? Sie werden bestimmt über deine Bastelkünste staunen.

SO WIRD'S GEMACHT

1 Falte die beliebig bunt bemalte Buch- oder Magazinseite zu einem Briefkuvert. Fixiere den rechten sowie den linken Rand mit Klebestreifen. Den oberen Rand biegst du nach hinten, ohne ihn festzukleben.

2 Schneide für einen Pinguin aus dem schwarzen Papier den Körper und die Flügel aus, aus dem orangen Papier den Schnabel und zwei sternförmige Füßchen und aus dem weißen Papier die innere Fellfärbung. Klebe die kleinen Teile an der richtigen Stelle auf den Körper und zeichne die Augen auf. Klebe den Pinguin vorne auf die linke Seite des Briefkuverts.

3 Gestalte das Briefkuvert beliebig. Ich habe z.B. einige glitzernde Punkte angebracht. Schreibe auf ein Zettelchen, an wen die Post gehen soll, und bringe es mit Kleber vorne am Umschlag an. Stanze am oberen Rand des Kuverts ein Loch und fädle ein Stück Juteschnur zum Aufhängen durch.

DAS BRAUCHEN WIR

- Mit Wasserfarben bemalte Buch- oder Magazinseite (beliebige Farben), Papier (schwarz, orange, weiß), Glitzerpapier, Juteschnur
- Grundausrüstung

TIPP

- Ein sternförmiger Motivstanzer kann dich beim Basteln unterstützen.

ÖL-WINDLICHT

Kerzen sorgen in der Advents- und Weihnachtszeit für eine ganz besondere Stimmung. Schnapp dir ein Honigglas und verwandle es in ein Öl-Windlicht. Du wirst sehen, welch gemütliche Atmosphäre die Windlichter zaubern.

SO WIRD'S GEMACHT

1 Bestreiche die mit Wasserfarben bemalte Buch- oder Magazinseite mit einem Pinsel mit etwas Öl, damit sie durchsichtig wird. Tupfe sie mit Küchenpapier wieder trocken.

2 Stanze/schneide mehrere Sterne aus der Buch- oder Magazinseite aus und bringe sie mit etwas Kleber am Honigglas an.

3 Bestreiche das Honigglas mit etwas Tapetenkleister. Achte dabei darauf, dass die frisch aufgeklebten Sterne nicht verrutschen. Streue dann etwas Zucker darüber und warte, bis alles trocken ist. Wickle um den oberen Glasrand ein Stück Juteschnur und binde sie mit einer Schleife fest.

DAS BRAUCHEN WIR

- Mit Wasserfarben bemalte Buch- oder Magazinseite (gelb-orange), Honigglas, Zucker, Juteschnur
- Grundausrüstung + Öl (z.B. Rapsöl), Küchenpapier, Tapetenkleister

TIPPS

- Das Windlicht wird auch sehr hübsch, wenn du kleine Tannenbäumchen anbringst. Für die Stämmchen habe ich Packpapier verwendet.
- Ein sternförmiger Motivstanzer kann dich beim Basteln unterstützen.
- Du kannst ein LED-Licht oder Teelicht in das Glas stellen und dann die weihnachtliche Atmosphäre genießen. Teelichter aber bitte nur unter Aufsicht eines Erwachsenen verwenden.

BLUMENSTECKER

Auch im Winter stehen in der Wohnung Pflanzen. Ich bin mir sicher, dass sie sich über einen weihnachtlichen Freund im Blumentopf freuen würden. Du musst nur noch entscheiden, ob du das Rentier, den Fuchs, den Schneemann oder sonst etwas als Blumenstecker basteln möchtest.

SO WIRD'S GEMACHT

1 Schneide/stanze für einen Schneemann aus dem weißen Papier sechs gleich große Kreise aus. Fünf davon faltest du genau in der Mitte. Einen Kreis verwandelst du in den Kopf: Schneide dafür aus dem hellbraunen Papier einen Hut und aus dem orangen Papier eine Karottennase aus. Bringe beide Teile mit Kleber an und zeichne die Augen, den Mund sowie einige Striche auf der Karotte auf.

2 Nimm die zusammengefalteten fünf Kreise und klebe sie jeweils – bis auf die zwei letzten Halbkreise – mit den Rückseiten aneinander, bis du eine Art Kugel erhältst. Bevor du die letzten beiden Halbkreise zusammenklebst, legst du den Schaschlikspieß in die Mitte und befestigst ihn mit Klebestreifen.

3 Befestige zuletzt den Kopf von hinten mit Klebestreifen am Schaschlikspieß.

DAS BRAUCHEN WIR

- Papier (weiß, hellbraun), mit Wasserfarben bemaltes Papier (orange), Schaschlikspieß
- Grundausrüstung

TIPPS

- Verwende für diese Idee am besten Farbkarton.
- Wenn du die Tiere nicht auf einem Schaschlikspieß, sondern auf einem Juteschnurstück befestigst, kannst du sie wunderbar als Weihnachtsbaumschmuck verwenden.
- Du könntest auch alle Kreise zusammenkleben und dann den Schaschlikspieß von unten vorsichtig durchschieben. Danach den Kopf anbringen wie beschrieben.

FENSTERSCHMUCK

Willst du wissen, wie man diesen tollen Fensterschmuck bastelt? Wellpappe mit Wasserfarben bunt anmalen, in kleine Stückchen reißen und eine Pappform überkleben. Fertig! Der Fensterschmuck kann von euch in der Wohnung, aber auch von vorbeigehenden Passanten bestaunt werden.

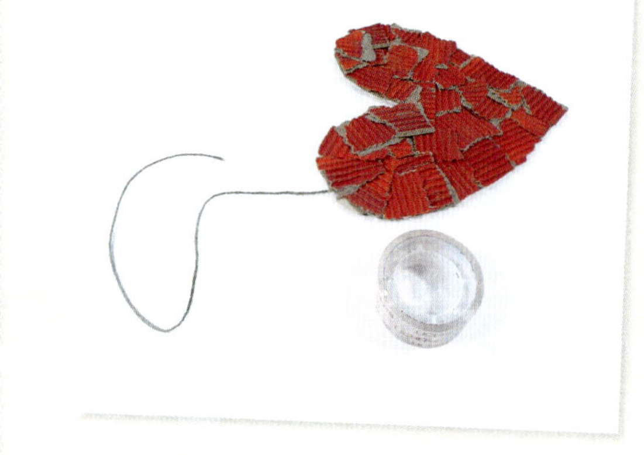

SO WIRD'S GEMACHT

1 Schneide aus der Pappe ein Herz aus.

2 Reiße die rot bemalte Wellpappe in kleine Stückchen und überklebe damit die Herzform. Achte dabei darauf, die Wellpappe-Stückchen kreuz und quer anzubringen.

3 Bringe auf der Rückseite ein Stück Juteschnur mit Klebestreifen an.

DAS BRAUCHEN WIR

- Pappe, mit Wasserfarben bemalte Wellpappe (rot), Juteschnur
- Grundausrüstung

TIPPS

- Ich habe als Beispiel ein Herz gebastelt. Es bietet sich aber genauso gut an, andere weihnachtliche Motive zu wählen wie etwa Sterne, Weihnachtsbäume ...
- Diese Wellpappe-Figuren kannst du beliebig verzieren und schmücken. Wie wäre es, z.B. einige Glitzerpunkte am Herz anzubringen? Oder einen Stern mit einem schimmernden Goldband zu umwickeln? Weihnachtsbäume kannst du mit Sternen, Kerzen, Weihnachtsbaumkugeln, Zuckerstangen, Lichterketten usw. aus Papier verzieren.
- Wenn du kleinere Figuren bastelst, könntest du sie auch als Weihnachtsbaumschmuck verwenden.

WEIHNACHTSELFEN

Eine leere Papprolle hat meist jeder von uns irgendwo zu Hause herumliegen, oder? Mach dich doch einmal auf die Suche, denn daraus kann man diese niedlichen Weihnachtselfen basteln. Einer hat mir gerade zugeflüstert, dass er liebend gerne bei dir einziehen möchte.

SO WIRD'S GEMACHT

1 Nimm die Papprolle: Male den oberen Teil mit Wasserfarbe hautfarben und den unteren Teil mit einer anderen Farbe an. Warte, bis die Farbe trocken ist. Zeichne die Augen und den Mund auf den hautfarbenen Teil auf und bringe dort mit Kleber einen kleinen, roten Papierkreis als Nase an.

2 Reiße das Packpapier in kleine Stückchen und klebe sie als Haare auf. Schneide aus dem hautfarbenen Papier zwei Elfenohren aus, knicke den inneren Rand etwas nach hinten, bestreiche ihn mit Kleber und bringe rechts und links am Gesicht ein Ohr an. Gestalte aus beliebig buntem Papier eine Elfenmütze und klebe sie auf.

3 Stelle zuletzt einen edlen Gürtel aus verschieden farbigen Papieren her und klebe ihn ebenfalls auf.

DAS BRAUCHEN WIR

- Papprolle, Papier (rot + beliebige Farben), Packpapier, mit Wasserfarben bemaltes Papier (hautfarben)
- Grundausrüstung

TIPPS

- Verwende für die Mützen am besten Farbkarton.
- Wenn du 24 Weihnachtselfen bastelst, kannst du sie auch hervorragend als Adventskalender füllen. Dann empfehle ich dir aber, die Papprollen von unten mit einem Pappkreis zu verschließen.

RINDENKRIPPE

Schau mal, wie Maria, Josef und das Jesuskind eng aneinanderstehend sich dieses Rindenstück teilen. Es handelt sich dabei um eine Rindenkrippe, für die sich bestimmt in jeder Wohnung ein netter Platz finden lässt.

SO WIRD'S GEMACHT

1 Male einen Bereich der Pappe mit Wasserfarbe dunkelgrün und einen anderen Bereich dunkelblau an. Warte, bis die Farbe trocken ist und schneide vorsichtig zwei Körper für Maria und Josef (wie im Bild) aus. Schneide/stanze aus dem hautfarbenen Papier zwei Kreise für die Köpfe aus, zeichne die Gesichter auf und bringe die Köpfe mit Kleber an.

2 Reiße das Packpapier in kleine Stückchen und klebe sie als Haare auf. Schneide aus der Pappe eine ovale Form sowie einen Gehstock aus. Klebe den Stock auf die Josef-Figur. Bringe für das Jesuskind an der ovalen Form ebenfalls einen hautfarbenen Papierkreis mit einem Gesichtchen an und zeichne übrige Details mit dem schwarzen Stift auf.

3 Mit Heißkleber dann die Figuren am Rindenstück anbringen. Zuletzt von hinten ein Stück Juteschnur befestigen, sodass du die Rindenkrippe aufhängen kannst.

DAS BRAUCHEN WIR

- Pappe, mit Wasserfarben bemaltes Papier (hautfarben), Packpapier, Rindenstück, Juteschnur
- Grundausrüstung + Heißklebepistole

TIPPS

- Natürlich kannst du auch noch einen Ochsen, einen Esel, Schafe und Hirten basteln und auf das Rindenstück kleben.
- Oberhalb von den Figuren kannst du einen Papierkometen und andere Papiersterne anbringen.

WINTERSTRÜMPFE

Diese Winterstrümpfe sind leider nicht warm, so wie vielleicht deine Wollstrümpfe, die Oma mit viel Geduld und Liebe gestrickt hat. Diese Winterstrümpfe wurden aus Pappe und Papier gebastelt und sollen nicht kalte Füße wärmen, sondern weihnachtliche Briefchen überbringen ...

SO WIRD'S GEMACHT

1 Schneide aus der Pappe einen Strumpf aus.

2 Reiße das beliebig bunte Papier und die Buch- oder Magazinseiten in Streifen und überklebe damit nach und nach den Pappstrumpf. Drehe anschließend den Pappstrumpf um und schneide überstehendes Papier ab.

3 Verziere den Strumpf beliebig mit kleinen Zeichnungen und/oder kleinen Papierformen. Stanze ein Loch in den oberen Rand und bringe dort ein Stück Juteschnur zum Aufhängen an. Rolle ein Briefchen, z.B. deinen Wunschzettel, zusammen, umwickle ihn mit einem Stück Juteschnur und binde ihn ebenfalls am oberen Rand fest.

DAS BRAUCHEN WIR

- Pappe, Papier (beliebige Farben), Buch- oder Magazinseiten, Juteschnur
- Grundausrüstung

TIPPS

- Die Winterstrümpfe werden auch sehr schön, wenn du mit Wasserfarben bemalte Buch- oder Magazinseiten und Glitzerpapier verwendest.
- Natürlich kannst du die Strümpfe ebenso gut als niedliche Geschenkanhänger oder Weihnachtsbaumschmuck verwenden.

ÄSTCHENDEKO

Aus Ästen, Schnur, Pappe und Papier kann man eine wunderbare weihnachtliche Deko zaubern. Los geht's zuerst mit dem Sammeln von Ästen und dann mit dem Basteln!

SO WIRD'S GEMACHT

1 Brich die Äste so ab, dass sie ungefähr gleich lang sind, und lege mehrere (ca. 10–14) Aststückchen aneinandergereiht vor dich hin. Beginne auf einer Seite unten. Falte ein Juteschnurstück (ca. 80 cm lang) genau in der Mitte, lege auf die Mitte das unterste Ästchen und mache es mit einem doppelten Knoten fest. Auf diese Weise hängst du alle Ästchen nach und nach zusammen. Mache das ebenso am oberen Rand. Knote beide Juteschnurstücke oben zusammen.

2. Schneide für einen Weihnachtsmann aus der Pappe den Körper und einen Kreis für den Kopf aus. Überklebe den Körper mit roten Papierstückchen. Den Kreis überklebst du mit dem hautfarben bemalten Papier. Weiße Papierstückchen als Haare und Bart aufkleben, Augen aufzeichnen und rote Papiernase anbringen. Klebe eine Weihnachtsmütze aus Papier auf.

3 Schneide für ein Rentier aus der Pappe den Körper und einen Kreis für den Kopf aus. Überklebe beide Teile mit hellbraunen Papierstückchen. Am Körper bringst du mit Kleber ein Stück Buch- oder Magazinseite als Bauchfell an. Am Kopf klebst du zwei Papierohren, das dunkelbraune Papiergeweih sowie die rote Papiernase an und zeichnest Augen und Mund auf. Mit etwas Heißkleber zuletzt beide Figuren auf den Ästchen anbringen.

DAS BRAUCHEN WIR

- Pappe, Papier (rot, weiß, hellbraun, dunkelbraun), Buch- oder Magazinseite, mit Wasserfarben bemaltes Papier (hautfarben), mehrere gerade Ästchen, Juteschnur
- Grundausrüstung + Heißklebepistole

TIPP

- Auch Schneemänner oder andere Figuren machen sich gut auf der Ästchendeko!

LIEBE-WORTE-GLAS

Zu Weihnachten ist es üblich, einer lieben Person ein verpacktes Geschenk zu überreichen. Ganz oft verstecken sich in der Verpackung neue Spielsachen, hübsche Kleidung, Bücher oder anderes Nützliches. Aber hast du schon einmal ein Glas voll mit lieben Worten verschenkt? Damit wird der oder dem Beschenkten warm ums Herz, da bin ich mir sicher!

SO WIRD'S GEMACHT

1 Reiße ein beliebig buntes, dünnes Papier in kleine Stückchen und überklebe damit einen Teil des Honigglases.

2 Stelle die zu beschenkende Person auf dem überklebten Teil des Glases dar (aus Papier, Garn für die Haare, Details mit Stift aufzeichnen). Verziere das Glas beliebig (z.B. mit Papiersternchen und Glitzerkreisen).

3 Umwickle den oberen Rand des Honigglases mehrere Male mit einem Stück Juteschnur und binde sie mit einer Schleife fest. Du kannst auch ein Etikett basteln (z.B. mit der Aufschrift „Ein Glas mit lieben Worten") und mit der Schnur anbinden. Schreibe nun mehrere Briefchen „mit lieben Worten" an die dargestellte Person, falte die Briefchen zusammen und sammle sie im Glas.

DAS BRAUCHEN WIR

- Papier (beliebige Farben), mit Wasserfarben bemaltes Papier (hautfarben), Honigglas, Garn für die Haare, Glitzerpapier, Juteschnur
- Grundausrüstung

TIPPS

- Für das Etikett verwendest du am besten Farbkarton.
- Idee für die Advents- bzw. Weihnachtszeit: Jeder (der Familie, des Freundeskreises, der Schulklasse ...) gestaltet ein Honigglas beliebig. Dann schreibt jeder der Gruppe an jeden ein Briefchen und steckt es in das entsprechende Glas. Zum Schluss dürfen sich alle über ein Glas voller lieber Worte freuen.
- Ein sternförmiger Motivstanzer kann dich beim Basteln unterstützen.

TISCHKÄRTCHEN

Ist es nicht wunderbar, sich in der Weihnachtszeit mit Familie oder Freunden an einen Tisch zu setzen und die gemeinsame Zeit zu genießen? Was würdest du davon halten, für jeden Gast ein Tischkärtchen zu gestalten, damit jeder genau weiß, wo er oder sie Platz nehmen darf? Die Rentiere auf den Kärtchen benehmen sich bei Tisch sehr gut, das kann ich dir versichern!

SO WIRD'S GEMACHT

1 Schneide aus dem hellbraunen Papier ein Rechteck zurecht und falte es genau in der Mitte. Lege es so vor dich hin, dass die offene Seite des Kärtchens zu dir zeigt. Reiße mit Hilfe des Lineals die Buch- oder Magazinseite zurecht und klebe sie auf das Kärtchen. Lasse dabei etwas Rand.

2 Reiße aus dem braun bemalten Papier den Kopf, die Ohren sowie einen Teil des Körpers zurecht und klebe alle Teile auf. Zeichne das Ohrinnere, die Augen, den Mund und einige struppige Fellhaare auf. Fertige das dunkelbraune Geweih und die rote Nase an. Anbringen!

3 Schneide/stanze aus dem beigen Papier einen Kreis aus und klebe ihn auf das hellbraune Papier. Reiße das Etikett zurecht, schreibe den Namen des Gastes darauf und verziere es beliebig. Bringe dann das Etikett am Tischkärtchen an.

DAS BRAUCHEN WIR

- Papier (hellbraun, dunkelbraun, beige, rot), Buch- oder Magazinseite, mit Wasserfarben bemaltes Papier (braun)
- Grundausrüstung

TIPPS

- Für die Kärtchen verwendest du am besten Farbkarton.
- Du kannst die Tischkärtchen natürlich auch mit Schneemännern, Elfen, Engelchen, Pinguinen, Eisbären ... gestalten. Als Hintergrund bietet sich auch mit Wasserfarben bemaltes Papier an.

KOMM, WIR SCHREIBEN WEIHNACHTSKARTEN

Oft legt man einem Weihnachtsgeschenk noch gerne eine Karte mit den besten Wünschen bei. Am schönsten ist die natürlich, wenn sie selbst gemacht und liebevoll gestaltet ist. Auf den nächsten Seiten findest du zahlreiche Ideen, wie du besondere Weihnachtskarten ganz einfach und schnell basteln kannst. Alles, was du dazu brauchst, sind Blanko-, also „leere", Glückwunschkarten (z.B. DIN-A5, einmal in der Mitte gefaltet) und buntes Papier. Ich zeige dir, wie du die Glückwunschkarten mit knuffigen Eisbären, sympathischen Rentieren, den Heiligen Drei Königen oder zauberhaften Winterlandschaften in originelle Einzelstücke verwandeln kannst. Mach dich bereit für eine kunterbunte Weihnachtskarten-Inspiration. Viel Spaß beim Stöbern!

Merry Christmas

Frohe
Weihnachten

Merry
x-mas

STADT

Wie du bestimmt schon gemerkt hast, liebe ich mit Wasserfarben bemalte Buch- oder Magazinseiten. Du kannst damit so viel basteln und gestalten. Wie z.B. diese Karten, auf denen eine kunterbunte weihnachtliche Stadt angesiedelt ist. Keine Sorge: Dazu braucht es keine Ziegeln oder aufwendiges Baumaterial!

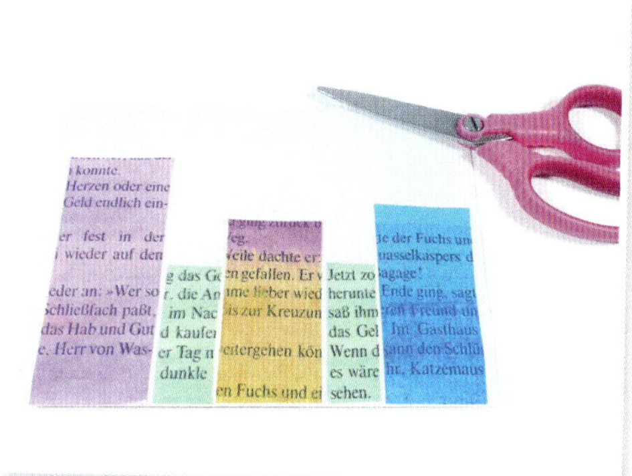

SO WIRD'S GEMACHT

1 Schneide aus den beliebig bunt bemalten Buch- oder Magazinseiten verschieden große Rechtecke aus und klebe sie nebeneinander auf die Glückwunschkarte.

2 Nimm das hellbraune Papier und schneide daraus mehrere Dächer und Schornsteine aus, die du ebenfalls auf die Karte klebst.

3 Aus dem weißen Papier schneidest du verschiedene rechteckige oder runde Formen aus und bringst sie mit Kleber als Fenster an. Fahre die Fenster mit dem schwarzen Stift nach. Verziere die Weihnachtskarte beliebig. Du kannst z.B. Sternchen aufzeichnen und diese mit dem gelben Buntstift nachfahren.

DAS BRAUCHEN WIR

- Mit Wasserfarben bemalte Buch- oder Magazinseiten (beliebige Farben), Glückwunschkarte, Papier (hellbraun, weiß)
- Grundausrüstung + Buntstift (gelb)

TIPPS

- Du kannst für die Häuser statt Buch- oder Magazinseiten einfarbiges Buntpapier verwenden.
- Die Karte sieht auch schön aus, wenn du für die Fenster gelbes Papier verwendest.

MARIA, JOSEF, JESUSKIND

Schau dir mal an, wie Maria und Josef, gemeinsam mit ihrem neugeborenen, in Windeln gewickelten Sohn, von diesen Weihnachtskarten strahlen. Die Karten kann man später in der Mitte knicken und als kleine Krippe in der Wohnung aufstellen. Also Weihnachtskarten und Mini-Deko in einem!

SO WIRD'S GEMACHT

1 Klappe die mittig gefaltete Karte auf, mit der Außenseite nach außen. Den oberen Bereich beklebst du mit kleinen Glitzerkreisen, den unteren mit hellbraunen Papierstreifen, die das Stroh für die Krippe darstellen. Zeichne Einzelheiten mit dem schwarzen Stift auf.

2 Schneide aus den mit Wasserfarben bemalten Papieren für Maria und Josef zwei Körper aus. Bringe mit Kleber an beiden einen runden, hautfarbenen Papierkreis als Kopf an. Zeichne die Gesichter auf und klebe die Haare (aus Papier und/oder Garn) auf.

3 Klebe Maria und Josef auf den unteren Bereich der Karte. Für Josef schneidest du einen Stab aus dem dunkelbraunen Papier aus und klebst diesen neben ihn. Schneide für das Jesuskind aus dem weißen Papier eine ovale Form aus und klebe einen kleinen hautfarbenen Papierkreis darauf. Zeichne mit dem schwarzen Stift das Gesichtchen auf den Kreis. Zeichne ebenso einige Striche auf die Windeln und fahre sie mit dem braunen Buntstift nach. Zuletzt klebst du das Jesuskind auf.

DAS BRAUCHEN WIR

- Karte (z.B. in der Größe DIN A6), Glitzerpapier, Papier (hellbraun, weiß, dunkelbraun), mit Wasserfarben bemaltes Papier (hautfarben + beliebige Farben) bzw. bemalte Buch- oder Magazinseiten (beliebige Farben), Garn (dunkelbraun)
- Grundausrüstung + Buntstift (braun)

TIPP

- Du kannst für die Kleider von Josef und Maria auch einfarbiges Papier oder Stoffreste verwenden.

EISBÄREN

Oh sieh mal, wie niedlich: Weihnachtskarten mit knuffigen Eisbären. Mir wird es da ganz warm ums Herz. Dir auch? Dann schnapp dir weißes Papier und lasse daraus Eisbären entstehen. Die Beschenkten werden sich sicher über solche selbst gemachten Karten freuen – und dann wird ihnen auch warm ums Herz.

SO WIRD'S GEMACHT

1 Reiße das mit Wasserfarben bemalte Papier mithilfe des Lineals zurecht, sodass du es auf die Glückwunschkarte kleben kannst und dabei etwas Rand bleibt.

2 Reiße das weiße Papier in kleine Stückchen und klebe damit einen Kopf für den Eisbären und den oberen Bereich seines Körpers auf die Karte. Aus dem hellbraunen Papier reißt du das Ohrinnere, den Schnauzenbereich sowie die Bauchfellfärbung zurecht. Klebe alles auf.

3 Zeichne mit dem schwarzen Stift die Augen, die Nase und die Schnauze auf. Verziere die Karte beliebig mit kleinen Zeichnungen (z.B. Schneeflocken oder Sternchen). Auch kleine weiße Papierkreise können als Schneeflocken aufgeklebt werden.

DAS BRAUCHEN WIR

- Mit Wasserfarben bemaltes Papier (beliebige Farben), Glückwunschkarte, Papier (weiß, hellbraun)
- Grundausrüstung

TIPP

- Du kannst auch eine Buch- oder Magazinseite bunt bemalen und den Eisbären darauf kleben.

LICHTERKETTEN-CHAOS

Rote und grüne, blaue und gelbe, pinke und orange Lichter. Ich frage mich nur, ob den beiden Rentieren bei diesem Lichterketten-Farbwirrwarr nicht ganz schwindelig wird?

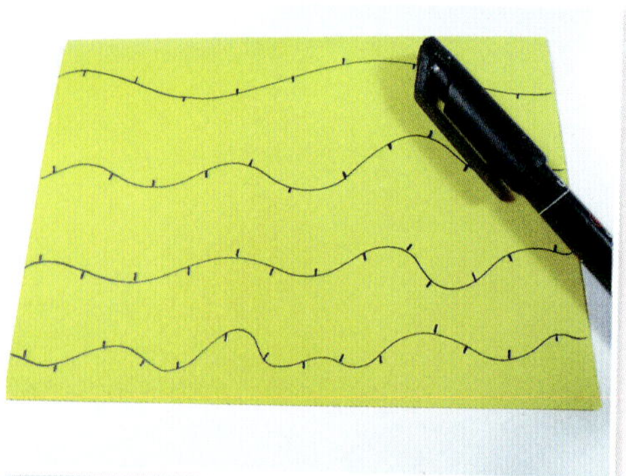

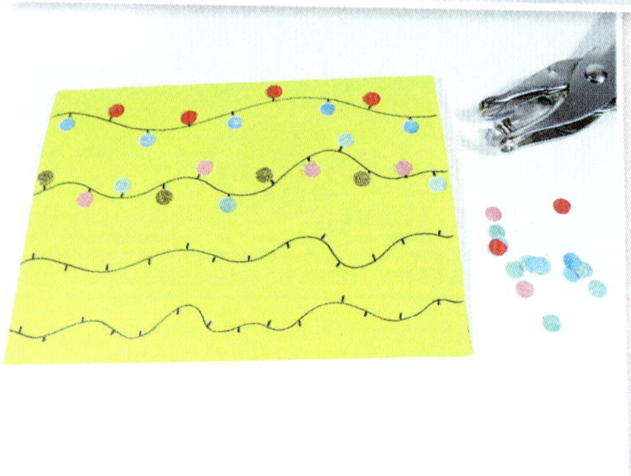

SO WIRD'S GEMACHT

1 Zeichne auf die Glückwunschkarte mehrere wellenartige Linien von links nach rechts. Zeichne an den Linien einige kleine Striche, die nach oben oder nach unten zeigen.

2 Für die bunten Lichter der Lichterkette stanzst du aus den verschiedenen Papieren viele kleine Kreise aus und klebst diese neben die kleinen Striche.

3 Schneide aus dem hellbraunen Papier den Kopf, den Körper sowie die Ohren für das Rentier aus. Aus dem roten Papier schneidest du die Nase, aus dem dunkelbraunen Papier das Geweih und aus der Buch- oder Magazinseite die Bauchfellfärbung und das Ohrinnere aus. Bringe alles mit Kleber an und zeichne zuletzt die Augen sowie den Mund auf.

DAS BRAUCHEN WIR

- Glückwunschkarte, Papier (hellbraun, rot, dunkelbraun + beliebige Farben), mit Wasserfarben bemaltes Papier (beliebige Farben), Buch- oder Magazinseite, Glitzerpapier
- Grundausrüstung

TIPPS

- Für die Rentiere könntest du mit Wasserfarben braun bemaltes Papier statt dem braunen Papier verwenden.
- Natürlich können auf einer Karte auch mehrere Rentiere oder andere Weihnachtsfiguren vorkommen.

WEIHNACHTSKUGELN

Aus bunt bemalten Buch- oder Magazinseiten kann man nicht nur winterliche Städtchen zaubern, sondern sie auch hervorragend für Karten mit bunten Weihnachtskugeln verwenden. Das Schöne an dieser Idee: Du kannst deiner Fantasie freien Lauf lassen und in die Weihnachtskugeln gerade das geben, was du magst – Schneemännchen, Vögelchen, Rentiere ... Alles, was dir gefällt, ist erlaubt!

SO WIRD'S GEMACHT

1 Reiße das dunkelrote Papier mithilfe des Lineals zurecht, sodass du es auf die Glückwunschkarte kleben kannst und dabei etwas Rand bleibt.

2 Schneide/stanze für die Weihnachtskugel aus der Buch- oder Magazinseite einen Kreis aus. Aus dem hellbraunen Papier schneidest/stanzst du für einen Vogel einen etwas kleineren Kreis aus. Fertige außerdem einen orangen Schnabel, einen beigen Flügel sowie ein hellbraunes Schwänzchen an. Klebe alles auf und zeichne Auge sowie Füßchen auf.

3 Verziere den unteren und oberen Kartenrand mit kleinen Kreisen, die du z.B. aus der Buch- oder Magazinseite ausstanzst. Gestalte den Rand der Weihnachtskugel beliebig mit dem schwarzen Stift.

DAS BRAUCHEN WIR

- Papier (dunkelrot, hellbraun, orange, beige), Glückwunschkarte, Buch- oder Magazinseite
- Grundausrüstung

TIPP

- Für die Weihnachtskugel kannst du auch hervorragend mit Wasserfarben bunt bemalte Buch- oder Magazinseiten verwenden.

WINTERWALD

Ich liebe es, im Winter mit großen Schritten durch tief verschneite Wälder zu stapfen. Hast du das auch schon einmal gemacht? Diese Ruhe, diese Luft, diese Farben sind meiner Meinung nach unbeschreiblich. Ich brauche mir diese Weihnachtskarten nur anzusehen, und schon kommen meine Winterwald-Gefühle wieder hoch. Und wie ist es bei dir?

SO WIRD'S GEMACHT

1 Nimm die Buch- oder Magazinseite und reiße sie einmal quer durch. Bestreiche dann ihre Rückseite mit Kleber und drücke sie auf die Glückwunschkarte, sodass sie den unteren Bereich bedeckt. Schneide überstehende Papierreste weg.

2 Schneide aus dem grün bemalten Papier unterschiedlich große Dreiecke für die Bäumchen und aus dem hellbraunen Papier kleine Rechtecke für die Stämme aus. Klebe alles über die Glückwunschkarte verteilt auf.

3 Verziere die Bäumchen beliebig mit dem schwarzen Stift. Stanze mehrere kleine Kreise aus dem Glitzerpapier aus und bringe sie mit Kleber an den Baumspitzen an. Schreibe einen Weihnachtswunsch auf ein kleines Stück weißes Papier, reiße das Papier zurecht, klebe es auf ein Stück Wellpappe und bringe die Pappe mit Kleber auf der Karte an.

DAS BRAUCHEN WIR

- Buch- oder Magazinseite, Glückwunschkarte, mit Wasserfarben bemaltes Papier (grün), Papier (hellbraun, weiß), Glitzerpapier, Wellpappe
- Grundausrüstung

TIPP

- Verwende bunte Glückwunschkarten, um einen schönen Kontrast zur Schneelandschaft zu erzeugen – ich finde, das ist ein toller Effekt!

GESCHENKE

Kleine, große, dünne, dicke, runde, eckige, rote, blaue, grüne, gelbe, – Geschenke haben wir zur Weihnachtszeit bestimmt schon in allen Formen, Farben und Größen gesehen. Was sich wohl in den kunterbunten Papiergeschenken auf diesen Karten versteckt hat? Spielzeug? Bücher? Schreibsachen? Klamotten? Das bleibt der Fantasie überlassen.

SO WIRD'S GEMACHT

1 Reiße die Buch- oder Magazinseite auf beiden Seiten zu einem Streifen zurecht und klebe ihn dann mittig auf die Glückwunschkarte. Schneide anschließend überstehende Papierreste ab.

2 Schneide aus den bunt bemalten Buch- oder Magazinseiten verschiedene Vierecke aus und klebe sie auf die Glückwunschkarte. Verwandle sie mit dem schwarzen Stift in kleine Pakete.

3 Schneide/stanze aus dem beigen Papier einen Kreis und aus dem hellbraunen Papier einen etwas größeren Kreis aus. Schreibe einen Weihnachtswunsch auf den beigen Kreis, klebe ihn auf den braunen, verziere ihn beliebig und klebe ihn auf die Karte.

DAS BRAUCHEN WIR

- Buch- oder Magazinseite, Glückwunschkarte, mit Wasserfarben bemalte Buch- oder Magazinseiten (beliebige Farben), Papier (beige, hellbraun)
- Grundausrüstung

TIPPS

- Du könntest die Karten noch mit kleinen Schneeflocken, mit Glitzerpapier, mit Sternchen usw. verzieren.
- Du kannst auch ein beliebig farbiges Papier zu einem Streifen zurechtreißen, diesen auf die Glückwunschkarten kleben und dann darauf die Papiergeschenke platzieren.

SCHNEEMÄNNER

Winter und Schneemänner gehören einfach zusammen. In meinem Wohnort in Südtirol z.B. fällt jedes Jahr viel Schnee und überall werden dann Schneemänner gebaut. Einige Kinder würde ich schon fast als Schneemänner-Bauexperten bezeichnen. Auch wenn bei dir zu Hause im Winter kein oder nur wenig Schnee fällt: Diese Weihnachtskarten sind trotzdem etwas für dich. Und anders als die Schneemänner-Bauexperten kriegst du beim „Bauen" dieser Schneemänner hier bestimmt keine kalten Finger und Zehen!

SO WIRD'S GEMACHT

1 Reiße mithilfe des Lineals das blau bemalte Papier zurecht und klebe es anschließend auf die Glückwunschkarte. Achte darauf, dass dabei etwas Rand bleibt.

2 Reiße aus dem weißen Papier drei Kreise für den Schneemannkörper zurecht und klebe sie untereinander auf. Schneide aus der Buch- oder Magazinseite eine Karottennase zurecht und bringe sie ebenfalls mit Kleber an. Zeichne die Augen, den Mund, zwei Astärmchen und einige Knöpfe auf.

3 Nun verpasst du dem Schneemann noch einen großen Hut aus beliebig buntem Papier. Verziere zuletzt den Hintergrund auf der Karte mit einigen Schneeflocken, die du mit dem schwarzen Stift aufzeichnest.

DAS BRAUCHEN WIR

- Mit Wasserfarben bemaltes Papier (blau), Glückwunschkarte, Papier (weiß + beliebige Farben), mit Wasserfarben bemalte Buch- oder Magazinseite (orange)
- Grundausrüstung

TIPPS

- Du kannst die Schneemänner ebenso gut auf blau bemalte Buch- oder Magazinseiten kleben oder sie direkt auf die Glückwunschkarten kleben. Auch auf Wellpappe geklebt machen sie sich toll.
- Variiere das Motiv: ein Schneemann, ein Schneemann-Pärchen oder gar eine ganze Schneemann-Familie? Lass dir was einfallen!

HEILIGE DREI KÖNIGE

Caspar, Melchior und Balthasar, die Heiligen Drei Könige, haben vor vielen, vielen Jahren dem neugeborenen Jesuskind Geschenke vorbeigebracht. Natürlich haben sie auch einen Platz in diesem Weihnachts-Bastelbuch ergattert und warten gespannt, von dir nachgebastelt zu werden.

SO WIRD'S GEMACHT

1 Schneide aus den beliebig bunt bemalten Buch- oder Magazinseiten drei Kleider (etwas lang gezogene Trapeze) aus. Schneide/stanze aus dem hautfarbenen Papier drei Kreise für die Köpfe aus. Klebe alles auf die Glückwunschkarte.

2 Zeichne den Heiligen Drei Königen die Gesichtchen auf. Reiße das hellbraune Papier in kleine Stückchen und bringe sie als Haare an. Schneide aus dem gelben Papier drei Kronen aus, die du den Königen auf den Kopf klebst.

3 Verziere die Gewänder der Könige beliebig. Den Hintergrund kannst du mit Glitzerpapier (ich habe daraus z.B. einen Kometen ausgeschnitten) und kleinen gezeichneten Sternchen verzieren. Auch die Kronen kannst du mit kleinen Mustern verzieren.

DAS BRAUCHEN WIR

- Mit Wasserfarben bemalte Buch- oder Magazinseiten (beliebige Farben), mit Wasserfarben bemaltes Papier (hautfarben), Glückwunschkarte, Papier (hellbraun, gelb + beliebige Farben), Glitzerpapier
- Grundausrüstung

TIPPS

- Vielleicht bringen ja auch diese Heiligen Drei Könige Geschenke für das neugeborene Jesuskind mit? Bastle die Geschenke nach und klebe sie den Königen in die Hände. Ihre Hände kannst du ganz einfach mit kleinen hautfarbenen Kreisen darstellen.
- Du könntest die Könige ebenso gut auf einen mit Wasserfarben bunt bemalten Hintergrund (z.B. eine Buch- oder Magazinseite) kleben und ihre Kleider dafür aus einfarbigem Papier ausschneiden.

ELFPORTRAITS

Oft sieht man in verschiedenen Filmen und Büchern, dass fleißige Elfen den Weihnachtsmann tatkräftig unterstützen. Ohne sie würde er es bestimmt nicht schaffen, allen Kindern die Geschenke rechtzeitig auszuliefern. Und weil sie so eine wichtige Aufgabe rund um Weihnachten haben, habe ich diese Seite ihnen gewidmet: Vorhang auf für die fleißigen Weihnachtselfen!

SO WIRD'S GEMACHT

1 Reiße das rote und das weiße Papier in mehrere Streifen und klebe sie abwechselnd auf die Glückwunschkarte. Achte dabei darauf, dass zwischen den Streifen etwas Abstand bleibt. Verziere die so entstehenden Zwischenräume beliebig mit kleinen gezeichneten Mustern. Schneide überstehende Papierreste ab.

2 Schneide aus dem weißen Papier ein Rechteck aus, klebe es auf das dunkelgrüne Papier und schneide es aus. Achte dabei darauf, dass etwas Rand bleibt. Schneide/stanze aus dem hautfarbenen Papier einen Kreis für den Kopf sowie zwei Elfohren, und aus dem roten Papier ein Trapez für den Pulli aus. Klebe alles auf das weiße Rechteck und zeichne das Gesichtchen auf. Bringe mit Kleber braune Papierstückchen als Haare an.

3 Stelle eine Papier-Elfenmütze und ein kleines Schild (weißes Rechteck auf ein etwas größeres andersfarbiges Papierrechteck kleben) her. Schreibe auf das Schild einen Weihnachtsgruß. Aufkleben! Schneide/stanze zwei kleine hautfarbene Kreise für die Händchen aus und bringe sie mit Kleber am Schild an.

DAS BRAUCHEN WIR

- Papier (rot, weiß, dunkelgrün + beliebige Farben), Glückwunschkarte, mit Wasserfarben bemaltes Papier (hautfarben)
- Grundausrüstung

TIPP

- Damit du beim Reißen in etwa gerade kommst, kannst du als Unterstützung ein Lineal verwenden.

HÄUSCHEN

Aus gewöhnlichen Glückwunschkarten kannst du im Handumdrehen und mit wenig Materialien diese niedlichen Winterhäuschen basteln. Leg los und bastle diese besonderen, etwas anderen Weihnachtskarten.

SO WIRD'S GEMACHT

1 Lege die zusammengeklappte Glückwunschkarte hochkant vor dich hin (mit der Falz auf der linken Seite). Schneide aus dem dunkelroten Papier das Dach und den Schornstein aus. Achte dabei darauf, dass das Dach ungefähr gleich breit wie die Glückwunschkarte ist. Bringe das Dach und den Schornstein mit Kleber an der Glückwunschkarte an und schneide die beiden oberen Kartenecken ab.

2 Schneide aus dem hellbraunen Papier eine Türe und aus dem blau bemalten Papier ein Fenster aus. Klebe beides auf. Zeichne am oberen Hausbereich eine gewellte Linie, die du mit gelben Papierformen (z.B. Sternchen, Kreise ...) in eine funkelnde Lichterkette verwandelst.

3 Zeichne Einzelheiten mit dem schwarzen Stift auf und schreibe, wenn du möchtest, einen Weihnachtswunsch auf die Hauswand. Schneide aus dem weißen Papier eine kleine Wolke aus und bringe sie mit Kleber am Schornstein als Rauch an.

DAS BRAUCHEN WIR

- Glückwunschkarte, Papier (dunkelrot, hellbraun, gelb, weiß), mit Wasserfarben bemaltes Papier (blau)
- Grundausrüstung

TIPPS

- Reiße weißes Papier in kleine Stückchen und bringe sie als Schnee auf den Hausdächern an.
- Toll wird die Lichterkette auch, wenn du dafür buntes Papier oder Glitzerpapier verwendest.

ENGELCHEN

Eine Weihnachtszeit ohne helfende Engelchen kann man sich nicht so wirklich vorstellen, oder? Schau dir mal die Engelchen auf der rechten Seite an. Sind sie nicht besonders süß? Das Beste an diesen Weihnachtskarten: Du kannst sie ganz einfach und schnell selbst basteln.

SO WIRD'S GEMACHT

1 Schneide aus der beliebig bunt bemalten Buch- oder Magazinseite ein Rechteck, aus dem Glitzerpapier ein Kleidchen und aus dem weißen Papier zwei Flügelchen aus. Aus dem hautfarbenen Papier schneidest/stanzst du einen Kreis für den Kopf und zwei kleinere Kreise für die Händchen aus. Klebe alles auf das Rechteck und zeichne ein Gesichtchen auf. Reiße das hellbraune Papier in kleine Stückchen und bringe sie mit Kleber als Haare an.

2 Klebe das bunte Rechteck mit dem Engelchen auf hellbraunes Papier, schneide es aus und lasse dabei etwas Rand. Zeichne die Füßchen auf.

3 Verziere den Rand beliebig mit kleinen gezeichneten Mustern. Klebe das hellbraune Rechteck mit dem Engelchen auf die Buch- oder Magazinseite und reiße sie vorsichtig rundum aus, lasse dabei etwa Rand. Klebe zuletzt die Buch- oder Magazinseite mit dem Engelchen auf die Glückwunschkarte.

DAS BRAUCHEN WIR

- Mit Wasserfarben bemalte Buch- oder Magazinseite (beliebige Farben), Glitzerpapier, Papier (weiß, hellbraun), mit Wasserfarben bemaltes Papier (hautfarben), Buch- oder Magazinseite, Glückwunschkarte
- Grundausrüstung

TIPPS

- Verziere die Karten beliebig mit Sternchen, Glitzerpapier, kleinen Zeichnungen ...
- Du kannst natürlich auch mehrere Engelchen auf einer Glückwunschkarte platzieren.

WEIHNACHTSMÄNNER

Ho ho ho! Hast du das auch gehört? Ho ho ho! Und da war dieses Lachen schon wieder! Von wem dieses Lachen wohl stammt? Keine Frage: Bestimmt von den Weihnachtsmännern, die sich stolz auf den Weihnachtskarten präsentieren! Ho ho ho ...

SO WIRD'S GEMACHT

1 Schneide/stanze aus dem hautfarbenen Papier einen Kreis für den Kopf aus, klebe ihn auf die Glückwunschkarte und zeichne die Augen auf.

2 Reiße das weiße Papier in kleine Stückchen und klebe sie als buschige Haare und langen Bart auf. Fertige eine hautfarbene Papiernase an und bringe sie ebenfalls mit Kleber an.

3 Schneide aus dem roten Papier eine Weihnachtsmütze aus und verziere sie mit weißen Papierstückchen. Klebe die Mütze auf den Kopf des Weihnachtsmanns. Verziere die Karte beliebig: Ich habe z.B. kleine weiße Papierkreise als Schneeflocken aufgeklebt und „Ho ho ho" unten in die Ecke geschrieben.

DAS BRAUCHEN WIR

- Mit Wasserfarben bemaltes Papier (hautfarben), Glückwunschkarte, Papier (weiß, rot)
- Grundausrüstung

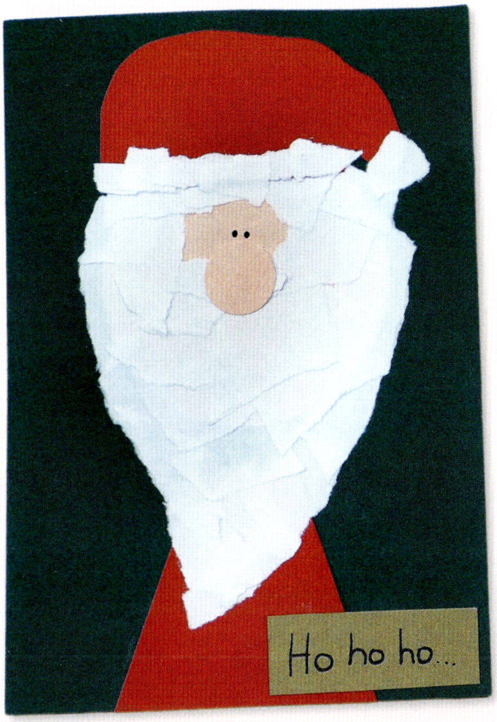

TIPP

- Diese Weihnachtsmänner sind auch süße Weihnachtsbaumanhänger. Klebe sie dafür auf Pappe, schneide sie dann aus und bringe ein Stück Juteschnur zum Aufhängen an. Der Weihnachtsmann wird beim Geschenke-Abliefern staunen, wenn er sich selbst (vielleicht auch mehrere Male) an eurem Baum als Schmuck hängen sieht.

GESCHENKE HÜBSCH VERPACKEN

Weihnachten ist das Fest der Liebe! Da ist es üblich, einen lieben Menschen mit einem kleinen (oder auch etwas größeren) Geschenk zu überraschen und dessen Herz vielleicht ein bisschen höher schlagen zu lassen. Ich persönlich freue mich immer riesig, wenn ich jemandem ein Geschenk überreichen und dieser Person damit eine Freude bereiten kann. In diesem Kapitel zeige ich dir, wie du Geschenke – egal, ob gekauft oder selbst gemacht – einfach und hübsch verpacken kannst. Zuerst findest du einige Inspirationen für Geschenktüten und andere Verpackungsmöglichkeiten. Da sich aber mit braunem Packpapier und Juteschnur verpackte Geschenke gleich noch besser machen, wenn daran ein passender Geschenkanhänger geknüpft wird, findest du ebenso einige Anleitungen, wie du solche originellen Anhänger selber machen kannst. Leg los mit dem Basteln und dem Einpacken der Geschenke und genieße die Momente, in denen du anderen Menschen eine Freude bereitest!

Feliz Navidad
Simon
Lia
Jonas

KAFFEEFILTERGESCHENKE

Kaffeefilter – die meisten lieben sie, weil man sich damit wunderbaren Kaffee brühen kann. Ich liebe sie, weil man damit großartig basteln kann. Und weil man für Weihnachten immer wieder auch kleinere Geschenke verpacken muss, zeige ich dir, wie man tolle Geschenktüten aus Kaffeefilter basteln kann.

SO WIRD'S GEMACHT

1 Nimm den Kaffeefilter und stanze am oberen Rand entlang mehrere Löcher.

2 Zeichne auf das weiße Papier mehrere Zuckerstangen mit dem schwarzen Stift auf. Male jeden zweiten Streifen mit dem roten Filzstift/Buntstift aus. Schneide die einzelnen Zuckerstangen aus und klebe sie kreuz und quer über den Kaffeefilter.

3 Befülle die Tüte nun mit dem Geschenk. Fädle dann die Juteschnur durch die Löcher: von links nach rechts und dann von rechts nach links. Knote die beiden Schnurenden zusammen. Wenn du möchtest, kannst du auch ein kleines gelochtes, beschriftetes Etikett (mit Aufschriften wie z.B. „with love", „Für dich", „MERRY X-MAS", „made by ...") dort festbinden.

DAS BRAUCHEN WIR

- Kaffeefilter, Papier (weiß, hellbraun), Juteschnur
- Grundausrüstung + Filzstift/Buntstift (rot)

TIPPS

- Bei diesen Geschenktüten kannst du so richtig kreativ sein: Gestalte sie genau so, wie sie dir gefallen! Winterwälder, bunte Geschenke, niedliche Engelchen aufkleben oder aufmalen und und und ... Alles ist erlaubt!
- Die Tüten sind nicht nur ideal für kleine Geschenke oder Überraschungen (wie z.B. Freundschaftsbänder, Glücksbringer ...), sondern auch für Briefe, sozusagen als Kuvert.

SCHNEEMANNTÜTEN

Schnapp dir einige alte Buchseiten, deine Wasserfarben und Papier, und bastle diese schnellen, aber doch so hübschen Geschenktüten nach. Ich bin mir sicher, dass die Beschenkten sich riesig darüber freuen werden (über die Tüten, aber natürlich auch über den Inhalt).

SO WIRD'S GEMACHT

1 Falte die mit Wasserfarben beliebig bunt bemalte Buch- oder Magazinseite zu einer Tüte und fixiere sie mit Klebestreifen. Achte dabei darauf, dass eine Seite offen bleibt; die ist dann für den weiteren Bastelverlauf oben. Falte den oberen Rand ein Stück nach hinten und stanze ein Loch mittig in den umgeklappten Streifen.

2 Verziere die Tüte beliebig. Ich habe z.B. einen zurechtgerissenen Papierstreifen und einige Herzen darauf geklebt.

3 Schneide/stanze aus dem weißen Papier zwei Kreise für den Schneemann aus und klebe sie zusammen. Fertige einen Hut aus beliebig buntem Papier und die Karottennase aus der orange bemalten Buch- oder Magazinseite an und klebe sie auf. Zeichne dem Schneemann die Augen, den Mund und einige Knöpfe. Stanze in den Hut ein Loch. Befülle die Tüte mit dem Geschenk und binde den Schneemann mit einem Stück Juteschnur an der Tüte fest.

DAS BRAUCHEN WIR

- Mit Wasserfarben bemalte Buch- oder Magazinseite (orange + beliebige Farbe), Papier (weiß + beliebige Farben), Juteschnur
- Grundausrüstung

TIPPS

- Am besten verwendest du für den Schneemann etwas dickeres Papier oder klebst ihn zusätzlich auf ein Stück Pappe.
- Du kannst auch aus einfarbigem Papier oder Packpapier eine Tüte falten und den Schneemann daran festbinden.

SCHNEEHASENTÜTEN

Wen haben wir denn da? Sei mal ganz leise. Hier haben es sich etwas schüchterne Schneehasen, die in sich wunderbar Geschenke verstecken können, gemütlich gemacht. Vielleicht kannst du sie ja mal kurz streicheln? Aber Vorsicht, nicht dass sie samt den Geschenken davonhoppeln und sich ein sicheres Versteck in eurer Wohnung suchen.

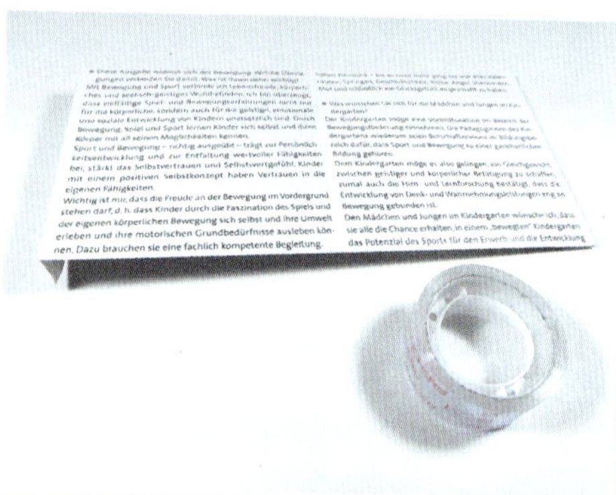

SO WIRD'S GEMACHT

1 Falte die Buch- oder Magazinseite zu einer beliebig großen Tüte und fixiere sie mit Klebestreifen. Achte dabei darauf, dass eine Seite offen bleibt; die ist dann für den weiteren Bastelverlauf oben. Falte den oberen Rand ein Stück nach hinten.

2 Verziere die Tüte beliebig mit zurechtgerissenen, beliebig bunten Buch- oder Magazinseitenstreifen, Papierkreisen, kleinen gezeichneten Motiven …

3 Schneide aus dem weißen Papier den Kopf sowie die Ohren für den Hasen aus. Aus dem hellbraunen Papier schneidest du das Ohrinnere sowie eine runde Stupsnase aus. Klebe alles auf und male das Gesichtchen auf. Mit etwas Heißkleber dann die Holzklammer von hinten auf dem Kopf befestigen. Befülle die Tüte mit deinem Geschenk. Verschließe die Tüte, indem du den Hasen oben auf den gefalteten Rand klammerst.

DAS BRAUCHEN WIR

- Buch- oder Magazinseite, mit Wasserfarben bemalte Buch- oder Magazinseite (beliebige Farben), Papier (weiß, hellbraun + beliebige Farben), Holzklammer
- Grundausrüstung + Heißklebepistole

TIPPS

- Am besten verwendest du für den Kopf des Hasen etwas dickeres Papier oder klebst ihn noch zusätzlich auf ein Stück Pappe.
- Du könntest dein Geschenk auch mit weißem Papier verpacken und den Kopf anschließend darauf kleben. Wenn du zwischen Geschenk und Kopf eine Korkenscheibe klebst, erhältst du außerdem einen netten 3D-Effekt.

WIMMELGESCHENKE

Oh je, da wird mir ja ganz schwindelig! So viele Sterne, so viele Bäumchen, so viele Rentiere. Kein Wunder, es handelt sich hier auch um Wimmelgeschenke, auf denen es alles andere als geordnet zugeht.

SO WIRD'S GEMACHT

1 Packe dein Geschenk mit braunem Packpapier ein.

2 Reiße das weiße Papier zurecht und klebe es so über das Packpapier, dass es ungefähr eine Hälfte bedeckt. Schneide aus dem dunkelgrünen Papier kleine Dreiecke für Bäumchen aus.

3 Klebe die grünen Dreiecke kreuz und quer auf den weißen Streifen. Zeichne bei jedem Bäumchen einen Stamm und ein Sternchen auf die Baumspitze. Du kannst auch noch ein rundes Etikett mit einem daraufgeschriebenen Weihnachtswunsch mit Kleber anbringen, das Geschenk mit der Juteschnur umwickeln und eine Schleife binden.

DAS BRAUCHEN WIR

- Packpapier (braun), Papier (weiß, dunkelgrün, hellbraun), Juteschnur
- Grundausrüstung + Buntstifte (gelb + braun)

TIPPS

- Sternchen, Rentiere, Bäumchen, aber auch kleine Geschenke, Zuckerstangen, Herzchen aus Papier – bei den Wimmelfiguren entscheidest nur du, welches Motiv am besten zu deinen Geschenken passen könnte.
- Du kannst auch kleine Geschenktüten falten und diese in Wimmeltüten verwandeln. Dazu einfach beliebiges Papier zu einer Tüte falten, mit Klebestreifen fixieren und diese dann mit Sternchen, Bäumchen, Rentiere oder weiteren Motlven gestalten.
- Die Wimmeltechnik bietet sich auch hervorragend an, um Glückwunschkarten oder Geschenkanhänger zu basteln.

GESCHENKBOXEN

Immer wieder hat man Geschenke, die man am liebsten in einer Schachtel verpackt. Natürlich muss diese Schachtel hübsch und etwas originell sein! Und wie du solche Geschenkboxen ganz einfach und schnell selber basteln kannst, verrate ich dir hier.

SO WIRD'S GEMACHT

1 Reiße die Buch- oder Magazinseite in kleine Stückchen und überklebe damit den Deckel der Schachtel.

2 Schneide für einen Pinguin aus dem schwarzen und dem weißen Papier den Körper sowie die Flügel und aus dem orangen Papier zwei Füßchen und den Schnabel aus. Bringe alles mit Kleber am Deckel an und zeichne die Augen des Pinguins auf. Bastle eine niedliche Wollmütze aus beliebig buntem Papier und klebe sie auf den Kopf des Pinguins.

3 Verziere den Deckelhintergrund beliebig: Du kannst z.B. einige kunterbunte Papierrechtecke in Geschenke verwandeln, kleine Sterne aufkleben, dem Pinguin rote Bäckchen aus Papier verleihen und und und ...

DAS BRAUCHEN WIR

- Buch- oder Magazinseite, kleine eckige Schachtel, Papier (schwarz, weiß, orange + beliebige Farben), mit Wasserfarben bemaltes Papier bzw. Buch- oder Magazinseiten (beliebige Farben)
- Grundausrüstung

TIPP

- Du bist der Bastelchef bzw. die Bastelchefin und kannst die Schachteln genau so gestalten, wie du magst! Eventuell spricht dich ja auch die Rentier- oder die Winterwaldschachtel an? Oder vielleicht hast du ganz andere Ideen! Denke an die Menschen, die das Geschenk erhalten sollen, und überlege, was ihnen wohl am besten gefallen würde.

BÄRENGLÄSER

„Brumm, brumm, brumm" – so begrüßen dich ganz herzlich diese gut gelaunten Bären auf ihrer Seite in diesem Bastelbuch. Kein Wunder, dass diese Kerle so fröhlich sind. Weihnachten steht vor der Tür! Bei diesem großen Fest dürfen sie stolz Geschenke an liebe Menschen überbringen. Ganz schön viel Verantwortung, oder was meinst du?

SO WIRD'S GEMACHT

1 Reiße das weiße Papier in kleine Stückchen und überklebe damit das Schraubglas.

2 Reiße für den Bären aus dem grauen Papier eine ovale Form heraus und bringe sie mit Kleber als Schnauzenbereich am Glas an. Schneide/stanze aus dem schwarzen Papier einen Kreis für die Nase aus und klebe ihn ebenfalls auf. Zeichne die Augen und die Schnauze auf.

3 Jetzt werden noch die Ohren gebastelt: Nimm das weiße Papier und reiße zwei Ohren zurecht. Für das Ohrinnere verwendest du wieder das graue Papier. Bestreiche den unteren Bereich der Rückseite der Ohren mit etwas Kleber und drücke sie auf das Bärenglas. Schneide/stanze aus dem rosa bemalten Papier zwei Kreise aus und bringe sie als Backen an.

DAS BRAUCHEN WIR

- Papier (weiß, grau, schwarz), mit Wasserfarben bemaltes Papier (rosa), Schraubglas
- Grundausrüstung

TIPPS

- Lasse beim Augenaufzeichnen einen kleinen Fleck weiß. Das lässt die Augen besonders schön strahlen.
- Wer hat denn gesagt, dass es unbedingt Bärengläser sein müssen? Du kannst mit dieser Technik ebenso gut Rentiere, Pinguine, Füchse, Hasen ... basteln.
- Es kann auch mit etwas Heißkleber um den Deckelrand ein Stück Stoff oder eine stabile Serviette befestigt werden. Diese dann oben zusammenbinden, so entsteht eine niedliche Mütze!

GESCHENKANHÄNGER-MIX

Brauchst du noch einige Anhänger, um deine Weihnachtsgeschenke zu verschönern und daraufzuschreiben, für wen sie gedacht sind? Gut! Dann schnapp dir jetzt etwas Pappe und beliebiges Papier und los geht der Bastelspaß! Du wirst sehen, welch tolle Anhänger dabei entstehen.

SO WIRD'S GEMACHT

1 Schneide aus der Pappe ein kleines Rechteck aus und schneide dann davon zwei Ecken (an einer der kurzen Seiten) ab. Stanze an dieser Seite mittig ein Loch und fädle ein Stück Juteschnur durch.

2 Jetzt kannst du den Geschenkanhänger beliebig gestalten. Ich habe z.B. ein kleines rundes Papieretikett mit der Aufschrift „Für dich!" gebastelt und dieses auf den Geschenkanhänger geklebt. Verpacke nun dein Geschenk und befestige den Anhänger daran.

DAS BRAUCHEN WIR

- Pappe, Papier (beliebige Farben), Juteschnur
- Grundausrüstung

TIPP

- Schau dir die Geschenkanhänger genau an. Gefällt dir einer? Dann nichts wie los: Bastle ihn nach! Vielleicht hast du aber ganz andere Ideen? Eine schimmernde Kerze? Ein lustiger Weihnachtself? Eine hübsche Tasse mit heißer Schokolade? Ein kunterbuntes Geschenk? Ein Fuchs mit Weihnachtsmütze? Gestalte den/die Anhänger, wie es dir gefällt.

WINTERZAUBERWALD

Ich persönlich finde in Packpapier eingewickelte Geschenke, die mit Juteschnur zusammengebunden und mit einem Anhänger versehen wurden, einfach immer schön – vor allem zu Weihnachten. Du auch? Dann bastle diese runden Geschenkanhänger mit verschneiten Winterwäldern nach und verschönere deine Verpackungen damit!

SO WIRD'S GEMACHT

1 Schneide/stanze aus dem blau bemalten Papier und aus der Buch- oder Magazinseite zwei gleich große Kreise aus. Reiße den Buch- oder Magazinseitenkreis ungefähr in der Mitte auseinander.

2 Klebe die untere Kreishälfte der Buch- oder Magazinseite auf den blauen Kreis. Schneide aus dem dunkelgrünen Papier Dreiecke für die Bäumchen und aus dem hellbraunen Papier Rechtecke für die Stämme aus. Klebe die Teile auf den Kreis und verziere den Himmel mit einigen kleinen aufgezeichneten Sternchen.

3 Stanze am oberen Rand des Kreises ein Loch. Schneide einen kleinen rechteckigen Anhänger aus dem hellbraunen Papier zu, loche ihn auf der Seite, auf der die Ecken abgeschnitten wurden, und schreibe den Namen der oder des Beschenkten auf den Anhänger. Lege ihn mit dem Loch genau auf das Loch im Kreis und fädle ein Stück Juteschnur durch.

DAS BRAUCHEN WIR

- Mit Wasserfarben bemaltes Papier (blau), Buch- oder Magazinseite, Papier (dunkelgrün, hellbraun), Juteschnur
- Grundausrüstung

TIPPS

- Damit der Papierkreis stabiler wird, kannst du ihn zusätzlich auf Pappe kleben und dann ausschneiden.
- Auch mit schwarzem Stift aufgezeichnete Bäumchen machen sich gut auf diesen Geschenkanhängern.

WALNUSSRENTIERE

Als ich ein Kind war, hat der Nikolaus immer ein Säckchen mit Mandarinen, Erdnüssen und Walnüssen zurückgelassen. Damals habe ich es schon geliebt, mit den Schalen der Walnüsse zu basteln. Aber erst jetzt kam mir die Idee, diese in Rentierkörper zu verwandeln. Ich persönlich finde diese Rentiere ganz süß. Und du?

SO WIRD'S GEMACHT

1 Schneide aus der Pappe ein Rechteck aus. Nimm die Buch- oder Magazinseite und reiße sie mithilfe des Lineals so zurecht, dass du sie auf das Rechteck kleben kannst und dabei etwas Rand bleibt.

2 Schneide/stanze aus dem hellbraunen Papier einen Kreis für den Kopf des Rentiers aus. Fertige außerdem die hellbraunen Ohren, eine rote Nase und das dunkelbraune Geweih aus Papier an. Klebe alles auf und zeichne Augen sowie Mund auf.

3 Klebe den Rentierkopf auf das Papprechteck. Mit etwas Heißkleber dann die Walnussschale als Rentierkörper befestigen. Zeichne mit dem schwarzen Stift die Beine und das Schwänzchen auf. Du kannst noch auf ein Papierkärtchen schreiben, für wen das Geschenk sein soll, und das Kärtchen aufkleben. Stanze zuletzt am oberen Rand des Geschenkanhängers ein Loch und fädle ein Stück Juteschnur zum Aufhängen durch.

DAS BRAUCHEN WIR

- Pappe, Buch- oder Magazinseite, Papier (hellbraun, dunkelbraun, rot), halbe Walnussschale, Juteschnur
- Grundausrüstung + Heißklebepistole

TIPPS

- Verziere den Hintergrund der Geschenkanhänger beliebig.
- Wenn du der oder dem Beschenkten einen besonderen Weihnachtswunsch überbringen möchtest, kannst du diesen auf ein Stück Papier schreiben, dieses dann aufrollen, mit etwas Juteschnur zubinden und am Geschenkanhänger anbringen.

WOLLPULLIBÄREN

Diese Bären frieren bestimmt ein bisschen! Deshalb haben sie sich in ihre wärmsten Wollpullis eingepackt und hoffen jetzt, auf einem deiner Weihnachtsgeschenke einen Platz zu ergattern.

SO WIRD'S GEMACHT

1 Schneide aus der Pappe eine ovale Form für den Kopf, zwei Ohren und ein Trapez für den Körper aus.

2 Schneide/stanze aus dem beigen Papier einen Kreis für den Schnauzenbereich und aus dem schwarzen Papier einen kleineren Kreis für die Nase aus. Klebe die Papierteile auf den Bärenkopf und zeichne die Augen und die Schnauze auf. Schneide aus der Buch- oder Magazinseite das Ohrinnere aus, klebe es auf die Ohren und diese dann an den Kopf. Stanze am oberen Rand der Kopfs ein Loch und fädle ein Stück Juteschnur zum Aufhängen durch.

3 Überklebe das Papptrapez mit beliebig bunten Papierstreifen, sodass es wie ein Wollpulli aussieht. Du kannst die Papiere auch mit kleinen Zeichnungen oder ausgeschnittenen Papierformen verzieren. Schneide überstehendes Papier ab. Zum Schluss kannst du noch am oberen Rand des Trapezes einen Papierschal befestigen. Klebe zuletzt den Bärenkopf auf den Körper.

DAS BRAUCHEN WIR

- Pappe, Papier (beige, schwarz + beliebige Farben), Buch- oder Magazinseite, mit Wasserfarben bemalte Buch- oder Magazinseiten (beliebige Farben), Juteschnur
- Grundausrüstung

TIPPS

- Du kannst auch den Namen der oder des Beschenkten auf ein Stück Papier schreiben und am Wollpulli anbringen.
- Die Wollpullis kannst du auch mit bunten Papierschnipseln, verschieden großen Kreisen, farbenfrohen Verzierungen ... gestalten.

KUGELBÄUCHLEIN

Oh, guten Tag, kleines Engelchen! Schön, Herr Weihnachtsmann, dass du auch da bist! Und sei du ebenfalls gegrüßt, lieber Schneemann! Toll, dass ihr euch mit euren runden Bäuchlein in diesem Buch niedergelassen habt. Ich bin schon gespannt, wer euch nachbasteln wird ...

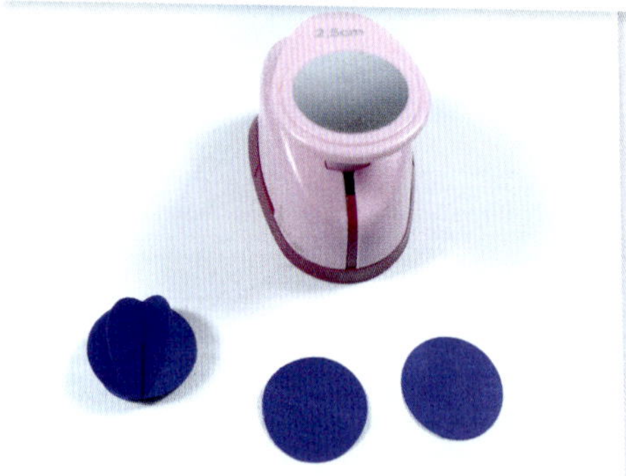

SO WIRD'S GEMACHT

1 Schneide aus der Pappe ein Rechteck aus. Reiße die Buch- oder Magazinseite zurecht und bringe sie so am Papprechteck an, dass etwas Rand bleibt. Stanze am oberen Rand ein Loch und befestige dort ein Stück Juteschnur.

2 Schneide/stanze für ein Engelchen aus dem dunkelblauen Papier etwa fünf gleich große Kreise aus. Falte die Kreise genau in der Mitte und klebe sie jeweils an den Rückseiten zusammen, bis du eine Art Halbkugel erhältst.

3 Schneide/stanze aus dem hautfarbenen Papier einen Kreis für den Kopf aus und zeichne das Gesichtchen auf. Aus dem hellblauen Papier schneidest du die Flügelchen aus und aus dem gelben Papier einen Heiligenschein. Klebe alles auf. Reiße das hellbraune Papier in kleine Stückchen und klebe sie als Haare auf. Verziere zuletzt den Hintergrund mit einigen aufgeklebten Kreisen aus Glitzerpapier.

DAS BRAUCHEN WIR

- Pappe, Buch- oder Magazinseite, Papier (dunkelblau, hellblau, gelb, hellbraun), mit Wasserfarben bemaltes Papier (hautfarben), Glitzerpapier, Juteschnur
- Grundausrüstung

TIPP

- Mit dieser Technik lassen sich auch hübsche 3D-Weihnachtskarten gestalten! Würdest du nicht auch staunen, wenn du eine Karte öffnest und dir plötzlich eine Weihnachtsfigur mit einem runden Bauch entgegenstrahlt?

WINTERTIERCHEN

Bei diesen Geschenkanhängern kannst du so richtig kreativ sein und deiner Fantasie freien Lauf lassen: Buch- oder Magazinseiten werden mit Wasserfarben bunt bemalt und dann beliebige Tiere (egal ob Bären, Hasen, Rentiere ...) draufgeklebt. Die idealen Geschenkanhänger für kleine und große Tierfans!

SO WIRD'S GEMACHT

1 Schneide/stanze aus der Buch- oder Magazinseite einen Kreis aus. Klebe diesen auf Pappe und schneide ihn wiederum aus. Achte dabei darauf, dass etwas Rand bleibt. Stanze am oberen Rand ein Loch und befestige dort ein Stück Juteschnur.

2 Reiße für eine Robbe das hellbraune Papier in kleine Stückchen und klebe sie als Kopf bzw. Körper auf. Reiße aus dem beigen Papier den Schnauzenbereich zurecht und klebe ihn auf. Zeichne der Robbe ein freundliches Gesicht.

3 Fertige einige kleine Papierkreise an und klebe sie rund um die Robbe auf.

DAS BRAUCHEN WIR

- Buch- oder Magazinseite, Pappe, Papier (hellbraun, beige), Juteschnur
- Grundausrüstung

TIPPS

- Auch als Weihnachtsbaumschmuck machen sich diese bunten Kreise gut.
- Auf der Rückseite der Anhänger kannst du einen lieben Weihnachtsgruß notieren.
- Eine weitere niedliche Idee: Verpasse den Geschenkanhängern noch eine Weihnachtsmütze aus Papier oder verziere sie zusätzlich mit Glitzerpapier.
- Du kannst die Buch- oder Magazinseiten auch mit Wasserfarben bunt bemalen.

JESUSKIND-ANHÄNGER

Achtung, auf dieser Seite gilt es, mucksmäuschenstill zu sein. Das Jesuskind liegt nämlich ganz ruhig in seiner Krippe, gewickelt in warme Decken. Und obwohl es noch so klein ist, hast es schon wichtige Aufgaben: Weihnachtsgeschenke besonders schön zu präsentieren, kleine Botschaften zu überbringen und mitzuteilen, für wen ein bestimmtes Geschenk ist.

SO WIRD'S GEMACHT

1 Schneide aus dem hellbraunen Papier ein Rechteck und aus dem beigen Papier mehrere Streifen aus. Klebe die beigen Streifen wie im Bild auf das hellbraune Rechteck und fahre sie mit dem schwarzen Stift nach. Das ist das mit Stroh gefüllte Bettchen für das Jesuskind.

2 Schneide/stanze aus dem hautfarbenen Papier einen Kreis für den Kopf und aus dem weißen Papier eine ovale Form für die Wickeldecke aus. Bringe den Kopf mit Kleber auf der Wickeldecke an und zeichne das Gesichtchen sowie einige Linien auf die Decke. Klebe das Jesuskind in sein Strohbettchen. Lege nun das Bettchen mit dem Jesuskind auf die beliebig bunt bemalte Buch- oder Magazinseite, klebe es darauf und schneide es aus, achte dabei darauf, dass etwas Rand bleibt.

3 Stanze am oberen Rand ein Loch und befestige dort ein Stück Juteschnur. Ich habe dort auch noch ein Zettelchen mit dem Namen der Beschenkten und ein Herz angeklebt.

DAS BRAUCHEN WIR

- Papier (hellbraun, beige, weiß, rot), mit Wasserfarben bemaltes Papier (hautfarben), mit Wasserfarben bemalte Buch- oder Magazinseite (beliebige Farben), Juteschnur
- Grundausrüstung

TIPPS

- Mit dieser Technik kannst du auch wunderbare Glückwunschkarten für Weihnachten basteln.
- Für den bunten Hintergrund könntest du ebenso gut die Noten eines Weihnachtsliedes kopieren und das Blatt mit Wasserfarben bunt anmalen.

LASST UNS DEN WEIHNACHTSBAUM SCHMÜCKEN

Als ich ein Kind war, wurde bei uns am 24. Dezember schon in der Früh Weihnachtsmusik gespielt, und wir, mein Bruder und ich, konnten es kaum erwarten, den Weihnachtsbaum zu schmücken. An manche Äste hängten wir so viel Schmuck, dass sie sich schwer nach unten neigten. Wenn unsere Mama heimlich probierte, etwas um- oder abzuhängen, bekam sie es sofort mit uns zu tun! Mit der Zeit wurde Mama aber gescheiter und ließ nur mehr den Weihnachtsbaumschmuck in der Schachtel, den sie wirklich am Baum haben wollte. Was aber wäre Weihnachten ohne einen üppig geschmückten Baum? Erst wenn es glitzert und glänzt und strahlt, dann ist wirklich Weihnachten! Der Baum wird besonders originell, wenn so manches selbst gebastelte Kunststück von dir auch einen Platz daran ergattert. Hast du Lust, Engelchen, Rentiere, Elfen, Papierkugeln, Weihnachtsbäumchen oder anderen wunderschönen Baumschmuck zu basteln? Großartig, denn dann bist du im folgenden Kapitel genau richtig.

SCHNEEMÄNNERKÖPFE

Ich finde diese Schneemänner ganz wunderbar! Mit kleinen weißen Papierstückchen kann man großartig Schnee darstellen. Und wenn man den Schneekugeln zum Schluss noch zwei Augen, einen Mund, eine Karottennase und einen Hut verpasst, hat man im Handumdrehen knuffige Schneemänner gebastelt, die auf Weihnachtsbäumen richtig zufrieden sind.

SO WIRD'S GEMACHT

1 Schneide aus der Pappe einen Kreis aus. Reiße das weiße Papier in kleine Stückchen und überklebe damit den Pappkreis. Du kannst gerne etwas braunen Rand lassen.

2 Schneide aus der orange bemalten Buch- oder Magazinseite die Karottennase aus und klebe sie auf. Zeichne die Augen, den Mund und einige Striche auf die Karottennase.

3 Fertige einen Hut aus beliebig buntem Papier an und klebe ihn auf den Schneemannkopf. Stanze zum Aufhängen am oberen Rand des Hutes ein Loch, fädle ein Stück Juteschnur durch und knote die beiden Enden zusammen.

DAS BRAUCHEN WIR

- Pappe, Papier (weiß + beliebige Farben), mit Wasserfarben bemalte Buch- oder Magazinseite (orange), Juteschnur
- Grundausrüstung

TIPPS

- Natürlich musst du nicht nur die Köpfe der Schneemänner basteln. Mit dieser Technik kannst du ebenso weitere „Schneekugeln" in verschiedenen Größen herstellen, diese der Größe nach zusammenkleben – am besten alle untereinander anordnen und von hinten einen Pappstreifen draufkleben – und dann mit ganz individuellen Schneemännern euren Baum schmücken.
- Wenn du kein Stück Juteschnur zum Aufhängen anbringst, kannst du die Schneemännerköpfe auch als niedliche Glücksbringer an liebe Menschen verschenken.

WEIHNACHTSBÄUMCHEN

Wenn du am liebsten kunterbunten Schmuck für euren Baum basteln möchtest, dann bist du auf dieser Doppelseite genau richtig. Hier entstehen nämlich aus buntem Papier und Pappe diese kleinen farbenfrohen Weihnachtsbäumchen, die wunderbar auf duftenden Tannen und anderen Zweigen wirken!

SO WIRD'S GEMACHT

1 Schneide aus der Pappe ein Dreieck für das Bäumchen aus. Reiße beliebig buntes Papier und/oder Glitzerpapier in Streifen und überklebe damit nach und nach das Bäumchen.

2 Drehe das Bäumchen um und schneide überstehendes Papier weg.

3 Schneide aus der Pappe einen Stamm für das Bäumchen aus und klebe ihn von hinten auf. Fertige einen gelben Papierstern an und befestige ihn mit Kleber an der Baumspitze. Bringe von hinten mit Klebestreifen ein Stück Juteschnur zum Aufhängen an.

DAS BRAUCHEN WIR

- Pappe, Papier (gelb + beliebige Farben), mit Wasserfarben bemalte Buch- oder Magazinseiten (beliebige Farben), Glitzerpapier, Juteschnur
- Grundausrüstung

TIPPS

- Mit Glitzerpapier werden die Bäumchen besonders weihnachtlich.
- Du kannst die Bäumchen auch dazu verwenden, Weihnachtsgeschenke passend einzupacken: Wickle dafür ein Geschenk mit braunem Packpapier ein und klebe mehrere kunterbunte, verschieden große Bäumchen nebeneinander auf.
- Ein sternförmiger Motivstanzer kann dich beim Basteln unterstützen.

ENGELCHEN

Da Engelchen einfach zur Weihnachtszeit gehören und diese hier so schnell nachgebastelt werden können, sind sie der ideale Weihnachtsbaumschmuck. Also: Schnapp dir alles, was du brauchst, und bastle los!

SO WIRD'S GEMACHT

1 Schneide/stanze aus dem hautfarbenen Papier einen Kreis für das Köpfchen und aus dem beigen Papier einen etwas größeren Kreis für den Heiligenschein aus. Klebe das Köpfchen auf den beigen Kreis und zeichne dem Engelchen ein nettes Gesichtchen auf. Reiße das hellbraune Papier in kleine Stückchen und klebe sie als Haare auf.

2 Schneide aus der Pappe ein Kleidchen und aus der Buch- oder Magazinseite zwei Flügel aus. Verziere das Kleidchen beliebig, z.B. mit kleinen Papierkreisen.

3 Drehe alle bis jetzt gebastelten Teile um. Klebe die Flügel von hinten auf das Kleidchen. Schneide aus der Pappe ein kleines Rechteck aus, bestreiche es mit Kleber und drücke es von hinten jeweils zur Hälfte auf das Kleidchen und auf den Kopf. Mit etwas Klebestreifen befestigst du zuletzt ein Stück Juteschnur fürs Aufhängen.

DAS BRAUCHEN WIR

- Mit Wasserfarben bemaltes Papier (hautfarben), Papier (beige, hellbraun), Pappe, Buch- oder Magazinseite, Juteschnur
- Grundausrüstung

TIPPS

- Auch Wellpappe, beliebig farbiges Papier, Stoffreste ... können für die Kleidchen der Engelchen verwendet werden.
- Für die Haare passt anderes farbiges Papier oder Wolle sowie Garn ebenfalls gut.
- Nimm die Buch- oder Magazinseite doppelt und schneide dann die Flügelchen aus, um zwei genau identische zu erhalten.

WEIHNACHTSKUGELN

Diese Weihnachtskugeln sind etwas anders als die Kugeln, die normalerweise auf Weihnachtsbäumen hängen: Sie zerspringen bestimmt nicht in tausend kleine Teile, wenn sie vom Baum purzeln. Denn sie bestehen aus Papier und Pappe. Und sie können von dir beliebig gestaltet werden!

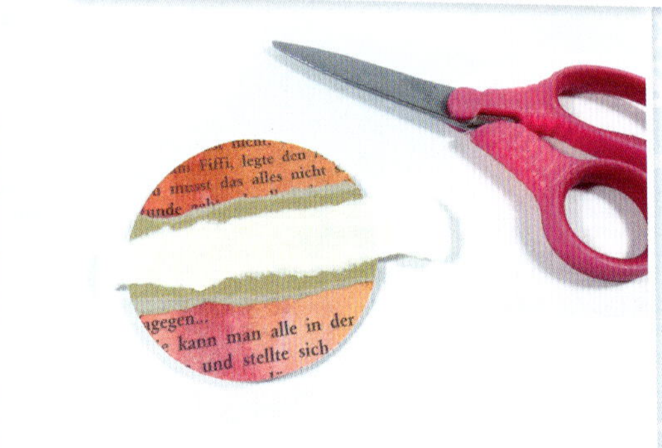

SO WIRD'S GEMACHT

1 Fertige aus der Pappe und aus der beliebig bunt bemalten Buch- oder Magazinseite zwei gleich große Kreise an. Klebe den bunten Kreis auf den Pappkreis.

2 Reiße vom hellbraunen Papier einen Streifen ab und klebe ihn mittig über den bunt bemalten Kreis. Aus dem beigen Papier reißt du einen etwas dünneren Streifen ab und klebst diesen auf den hellbraunen Streifen. Drehe den Kreis um und schneide überstehendes Papier ab.

3 Gestalte nun den Kreis beliebig mit verschieden großen Kreisen aus beliebig buntem Papier und/oder Glitzerpapier. Stanze zum Schluss am oberen Rand ein Loch und befestige daran ein Stück Juteschnur zum Aufhängen. Verwende außerdem ein Stück Juteschnur (am besten nimmst du es doppelt, wenn die Juteschnur etwas dünn sein sollte), um eine schöne Schleife zu binden. Diese bringst du mit etwas Kleber neben dem gestanzten Loch an.

DAS BRAUCHEN WIR

- Pappe, mit Wasserfarben bemalte Buch- oder Magazinseite (beliebige Farben), Papier (hellbraun, beige + beliebige Farben), Glitzerpapier, Juteschnur
- Grundausrüstung

TIPPS

- Schau dir euren Bestand an Weihnachtsbaumschmuck an, überlege, welche Farben am besten dazu passen könnten, und verwende diese für deine Kugeln.
- Für eine tolle Weihnachtsdeko kannst du auch mehrere deiner Kugeln nebeneinander auf eine Schnur hängen.

PAPIERSTERNE

So einfach und doch so stimmungsvoll, oder findest du nicht? Mit wenigen Papp- oder Papierstreifen kannst du diese Sterne nachbasteln und damit euren Weihnachtsbaum ganz festlich schmücken.

SO WIRD'S GEMACHT

1 Schneide vom beigen und vom hellbraunen Papier mehrere etwa gleich lange Streifen ab.

2 Nimm zuerst die hellbraunen Streifen und klebe sie wie im Foto zu einem Stern zusammen. Bestreiche dafür immer die Mitte eines Streifens und lege den nächsten Streifen (etwas versetzt) darauf.

3 Gehe mit den beigen Streifen gleich vor. Achte dabei darauf, dass immer ein beiger Streifen genau zwischen zwei hellbraunen liegt. Zum Schluss kannst du den Stern noch mit dem schwarzen Stift verzieren. Bringe an der Rückseite des Sterns mit etwas Klebestreifen ein Stück Juteschnur zum Aufhängen an.

DAS BRAUCHEN WIR

- Papier (beige, hellbraun), Juteschnur
- Grundausrüstung

TIPPS

- Ich rate dir, etwas dickeres Papier zu verwenden oder die Papiersterne zusätzlich auf Pappe zu kleben und auszuschneiden.
- Mit diesen Papiersternen kann man wunderschöne weihnachtliche Girlanden für das Fenster oder die Wohnung basteln.
- Für die Sterne passt auch gewöhnliche Pappe, Wellpappe oder auf Pappe geklebtes Glitzerpapier gut.
- Auf die Schnur zum Aufhängen könntest du noch einige kleine Holzperlen auffädeln.

WEIHNACHTSTIERE

Ich sage immer: Basteln ist wie zaubern können! Oder wie erklärst du dir, dass aus etwas Pappe und Papier solch tolle Weihnachtstiere entstehen? Lass den Bastelzauber auch bei dir zu Hause wirken ... Wer weiß, welche Tiere da entstehen werden?

SO WIRD'S GEMACHT

1 Schneide für eine Katze aus der Pappe eine ovale Form für den Kopf sowie zwei Ohren aus. Aus dem weißen Papier schneidest/stanzst du einen Kreis für die Schnauze und aus dem schwarzen Papier eine Nase aus. Klebe alles auf und zeichne ein Gesichtchen auf. Das Ohrinnere schneidest du aus der Buch- oder Magazinseite aus und bringst es mit Kleber an.

2 Schneide/stanze aus dem dunkelgrünen Papier einen Kreis für den Körper aus. Klebe ihn auf Pappe und schneide ihn wiederum aus. Gestalte ihn beliebig, z.B. mit unterschiedlich großen, verschiedenen Papierkreisen und zurechtgerissenen Papierstreifen. Auch den schwarzen Stift kannst du zum Verzieren verwenden. Stanze am oberen Rand ein Loch.

3 Bringe am Loch ein etwas längeres Stück Juteschnur zum Aufhängen an und knote beide Enden zusammen. Drehe nun den Körper und den Kopf auf die Rückseite um. Befestige den Katzenkopf mit etwas Klebestreifen an der Juteschnur.

DAS BRAUCHEN WIR

- Pappe, Papier (weiß, schwarz, dunkelgrün), Buch- oder Magazinseite, Glitzerpapier, Juteschnur
- Grundausrüstung

TIPPS

- Wie findest du denn den Koala mit der Weihnachtsmütze? Diese Mützen lassen die Tierchen besonders süß aussehen.
- Natürlich kannst du mit dieser Technik auch Weihnachtsmänner, Elfen, Engelchen ... basteln.

WINTERVÖGELCHEN

„Tschilp, tschilp, tschilp" – welch eine Ehre, auch euch kleine Wintervögelchen in diesem Bastelbuch begrüßen zu dürfen. Ich bin mir sicher, dass ihr viele Kinder begeistern und auf den verschiedensten Weihnachtsbäumen ein neues Zuhause finden werdet.

SO WIRD'S GEMACHT

1 Reiße das hellbraune Papier in kleine Stückchen und überklebe damit den Deckel.

2 Reiße aus der Buch- oder Magazinseite eine beliebige Form für die Bauchfärbung zurecht und bringe sie mit Kleber an. Schneide aus der Wellpappe einen Flügel und die Schwanzfeder aus und klebe sie ebenfalls auf.

3 Schneide aus der orange bemalten Buch- oder Magazinseite den Schnabel aus und bringe ihn mit Kleber an. Zeichne das Auge und beliebig einige Verzierungen auf. Für die Füßchen stanzst/schneidest du ebenfalls aus dem orangen Papier zwei Kreise aus, die du in der Mitte faltest. Schneide zwei Stücke von der Juteschnur ab. Das Juteschnurstück für die Beine faltest du genau in der Mitte. Nimm die soeben ausgestanzten/ausgeschnittenen orangen Kreise, bestreiche deren Innenseite mit Kleber und drücke diese auf die beiden Enden der Schnur. Mit etwas Heißkleber zuletzt die Beinchen sowie ein Stück Juteschnur zum Aufhängen am Vögelchen anbringen.

DAS BRAUCHEN WIR

- Papier (hellbraun), Buch- oder Magazinseite, Wellpappe, mit Wasserfarben bemalte Buch- oder Magazinseite (orange), Schraubdeckel, Juteschnur
- Grundausrüstung + Heißklebepistole

TIPPS

- Wenn du keine Schraubdeckel hast, kannst du auch Pappkreise in Vögelchen verwandeln.
- Mit Wasserfarben bemalte Buch- oder Magazinseiten machen sich als Federkleidchen ebenso gut.

MINI-ENGELCHEN

Alle Kinder aufgepasst: Zu Hause findet ihr bestimmt irgendwo einen Eierkarton aus Pappe. Werft diesen auf keinen Fall weg, denn daraus kann man diese niedlichen Mini-Engelchen basteln. Ich wünsche euch viel Spaß und gutes Gelingen!

SO WIRD'S GEMACHT

1 Öffne den Eierkarton. Bitte eine erwachsene Person, vorsichtig mit dem Furniermesser eines der „Türmchen", die sich in der Mitte des Eierkartons befinden, herauszutrennen. Male dieses „Türmchen" mit deinen Wasserfarben an. Der obere Bereich sollte hautfarben sein, denn das wird das Gesichtchen. Den unteren Bereich (das Kleidchen) kannst du beliebig anmalen. Warte, bis die Farbe trocken ist.

2 Zeichne das Gesichtchen auf. Für die Haare des Engelchens bindest du mehrere Juteschnurstücke zusammen.

3 Mit etwas Heißkleber werden die Haare dann angeklebt. Schneide aus der Buch- oder Magazinseite die Flügelchen und aus dem Glitzerpapier einen Stern aus. Klebe alles auf. Schneide ein Stück Juteschnur zum Aufhängen zurecht. Mit etwas Heißkleber die Schnur zuletzt an der Rückseite der Engelchens befestigen.

DAS BRAUCHEN WIR

- Eierkarton aus Pappe, Buch- oder Magazinseite, Glitzerpapier, Juteschnur
- Grundausrüstung + Furniermesser, Heißklebepistole

TIPP

- Oft bin ich beim Basteln etwas ungeduldig und nehme dann einfach einen Föhn zu Hilfe, wenn mir etwas nicht schnell genug trocknet.

STERNSCHMUCK

Aus mit Wasserfarben bemalten Buch- oder Magazinseiten kann man diesen zauberhaften Sternschmuck machen. Der verleiht im Nu jeder Wohnung eine weihnachtliche Atmosphäre!

SO WIRD'S GEMACHT

1 Schneide aus den gelb-orange bemalten Buch- oder Magazinseiten zwei nicht zu kleine Quadrate aus.

2 Nimm eines der beiden Quadrate. Falte das Quadrat einmal genau in der Mitte (Seite auf Seite) und öffne es wieder. Mache genau das Gleiche nochmal mit den anderen beiden Seiten. Fahre die beiden Faltlinien mit dem Bleistift und dem Lineal nach. Jetzt musst du dir noch die Diagonale einzeichnen: Falte dafür eine Ecke genau auf die gegenüberliegende Ecke und öffne das Quadrat wieder. Das Gleiche machst du mit den anderen beiden Ecken. Auch diese beiden Faltlinien ziehst du mit dem Bleistift nach. Schneide dann bei der senkrechten und der waagrechten Faltlinie an beiden Enden einen kleinen Schnitt in das Quadrat. Nimm nun die so erhaltenen Laschen und falte sie bis zu den diagonalen Faltlinien. Klebe sie fest.

3 Gehe auf dieselbe Art und Weise mit dem anderen Quadrat vor. Klebe anschließend die beiden vierzackigen Sterne übereinander, sodass du einen achtzackigen Stern erhältst.

4 Stanze in eine Zacke ein Loch und bringe dort ein Stück Juteschnur zum Aufhängen an.

DAS BRAUCHEN WIR

- Mit Wasserfarben bemalte Buch- oder Magazinseiten (gelb-orange), Juteschnur
- Grundausrüstung

TIPPS

- Du kannst mit den Sternen wunderbare Girlanden basteln.
- Statt Buch- oder Magazinseiten kannst du ebenso gut einfarbiges Papier oder Glitzerpapier verwenden.
- Für das Aufzeichnen der Quadrate bittest du am besten eine erwachsene Person um Unterstützung.

WEIHNACHTSELFEN

Auf dieser Seite geht es richtig pfiffig zu! Hier haben sich nämlich diese drei lustigen Weihnachtselfen einquartiert. Der Weihnachtsmann wird sie ja wohl hoffentlich nicht mehr bei den Weihnachtsvorbereitungen brauchen ...

SO WIRD'S GEMACHT

1 Schneide/stanze aus dem hautfarbenen Papier einen Kreis für den Kopf aus. Schneide außerdem zwei Elfenohren aus und bringe sie mit Kleber am Kopf an. Zeichne dem Elf das Gesichtchen auf. Reiße das hellbraune Papier in kleine Stückchen und klebe sie als Haare auf.

2 Schneide aus dem dunkelgrünen Papier eine Mütze aus. Verziere sie mit roten Papierteilen (z.B. Dreiecke am unteren Rand, einen Kreis als Pompon an der Spitze ...). Bringe die Mütze mit Kleber am Elfenkopf an und befestige an ihrer Rückseite mit etwas Klebestreifen ein Stück Juteschnur zum Aufhängen.

3 Schneide aus der bemalten Buch- oder Magazinseite ein Kleidchen aus, klebe es auf Pappe und schneide es wiederum aus. Gestalte es beliebig, z.B. mit bunten Papierstückchen. Schneide für die Ärmchen und Füßchen Juteschnurstücke ab, verknote sie jeweils am Ende und klebe sie von hinten am Kleidchen an. Jetzt musst du noch den Kopf mit dem restlichen Körper verbinden: Schneide dafür einen kleinen Pappstreifen zurecht, bestreiche ihn mit Kleber und drücke ihn von hinten jeweils zur Hälfte auf den Kopf und auf das Kleidchen.

DAS BRAUCHEN WIR

- Mit Wasserfarben bemaltes Papier (hautfarben), Papier (hellbraun, dunkelgrün, dunkelrot + beliebige Farben), mit Wasserfarben bemalte Buch- oder Magazinseite (beliebige Farben), Pappe, Juteschnur
- Grundausrüstung

TIPPS

- Die Kleidchen des Elfen kannst du statt mit bunten Papierstückchen auch mit Perlen, Glitzerpapier, Stoffresten ... verzieren.
- Um den Kopf und die Mütze stabiler zu machen, kannst du diese zusätzlich auf Pappe kleben.

RENTIERE

Bastelideen finde ich besonders toll, wenn man dazu nicht viel Material braucht, sie aber trotzdem richtig großartig werden. Genauso ist es bei diesen Rentieren! Schraubdeckel werden im Handumdrehen in diesen niedlichen Weihnachtsbaumschmuck verwandelt.

SO WIRD'S GEMACHT

1 Reiße das Packpapier in kleine Stückchen und überklebe damit den Deckel.

2 Reiße außerdem zwei hellbraune Ohren zurecht. Aus dem beigen Papier reißt du einen Schnauzenbereich und das Ohrinnere zurecht. Klebe alles auf.

3 Schneide/stanze aus dem schwarzen Papier einen Kreis für die Nase aus und bringe ihn mit Kleber an. Zeichne das Gesichtchen auf. Schneide aus dem dunkelbraunen Papier das Geweih aus und klebe es auf den Rentierkopf. Mit etwas Heißkleber zum Schluss ein Stück Juteschnur zum Aufhängen anbringen.

DAS BRAUCHEN WIR

- Papier (beige, schwarz, dunkelbraun), Packpapier, Schraubdeckel, Juteschnur
- Grundausrüstung + Heißklebepistole

TIPPS

- Nimm das dunkelbraune Papier beim Ausschneiden des Geweihes doppelt. Somit erhältst du genau zwei gleiche Geweihteile und sparst auch noch Zeit.
- Wenn du keine übrigen Deckel hast, kannst du ebenso gut Pappkreise in Rentiere verwandeln.

PAPIERMAKRAMEE

Als Kind liebte ich es, Scherenschnitte zu machen. Einige Schnitte in ein zusammengefaltetes Papier – und schon kamen besondere Muster und Formen heraus. Jedes Mal eine Überraschung! Auch bei der letzten Bastelidee in diesem Buch geht es um Scherenschnitte, die mit etwas Pappe und Juteschnur zu kleinen Papiermakramees werden.

SO WIRD'S GEMACHT

1 Schneide/stanze aus dem beigen Papier einen Kreis aus. Falte diesen einige Male gleichmäßig zusammen und schneide mit der Schere Muster (Dreiecke, Quadrate, Zacken ...) hinein.

2 Öffne nun den Scherenschnitt. Bestreiche eine Seite mit Kleber und drücke den Scherenschnitt auf die Pappe. Schneide den Kreis aus und lasse dabei etwas Rand.

3 Stanze am unteren Rand einige Löcher hinein. In jedes Loch fädelst du einige gleich lange Juteschnurfäden und knotest sie fest. Auch am oberen Rand machst du ein Loch und befestigst ein Stück Juteschnur zum Aufhängen. Wenn du möchtest, kannst du dein Papiermakramee noch mit kleinen Verzierungen, die du mit dem schwarzen Stift machst, dekorieren.

DAS BRAUCHEN WIR

- Papier (beige), Pappe, Juteschnur
- Grundausrüstung

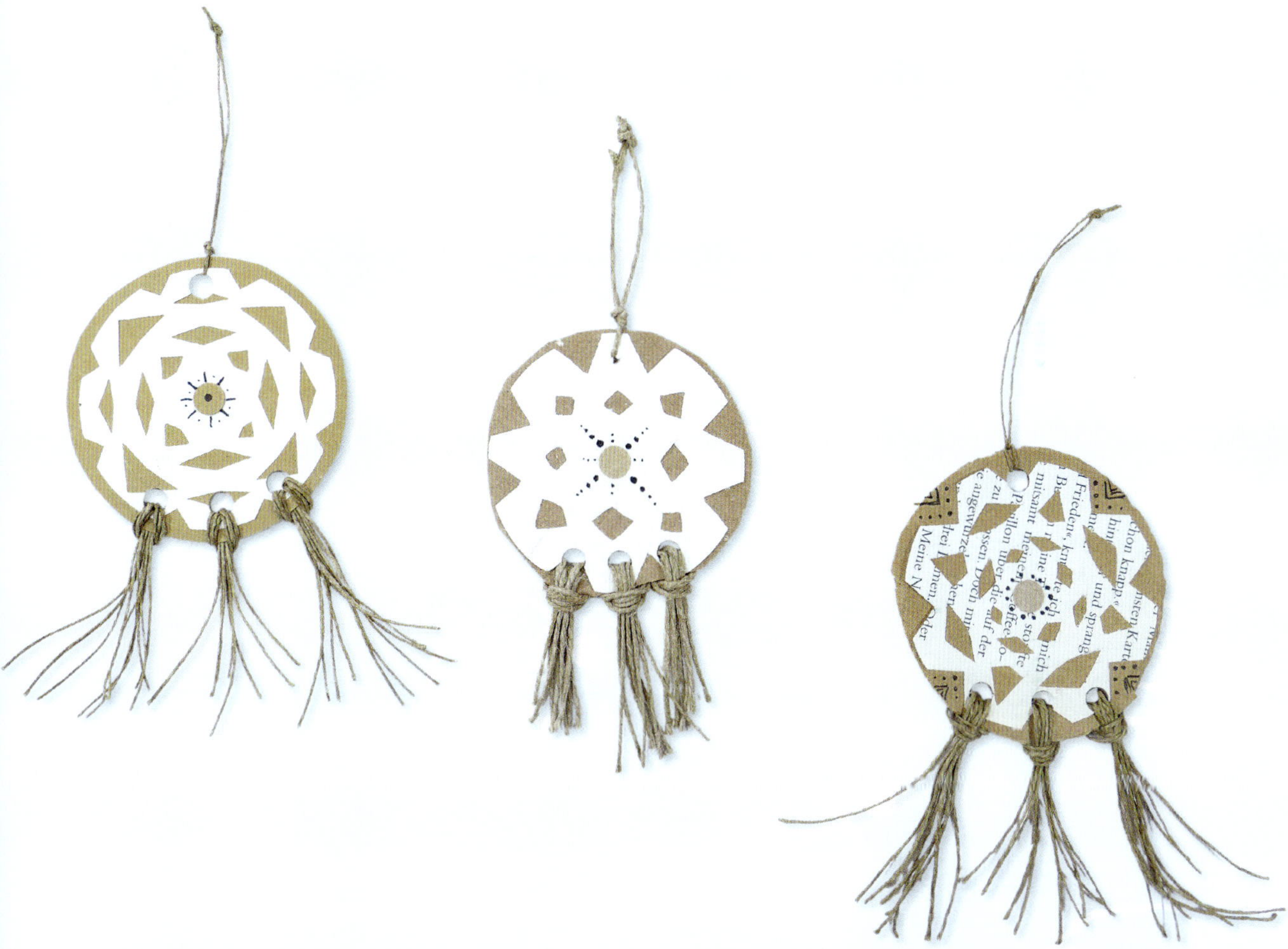

TIPPS

- Vielleicht übst du die Scherenschnitte vorher auf einem Schmierblatt, um dann genau zu wissen, wie du schneiden musst, um den Scherenschnitt zu erhalten, den du dir vorstellst. Du wirst sehen, wie viel Spaß das Experimentieren macht.
- Du kannst den Kreis für den Scherenschnitt auch aus einer Buch- oder Magazinseite ausschneiden/-stanzen.

DANK

In erster Linie bedanke ich mich beim Christophorus Verlag für das Vertrauen und die schöne Zusammenarbeit. Ein großer Dank gilt meiner Produktmanagerin Svenja, die mich immer liebevoll betreut und mit der ich wunderbar zusammenarbeiten kann! Danke auch an alle weiteren Personen, die bei diesem Buch mitgearbeitet haben.
Ein riesiges Dankeschön an meinen Freund Fabio. Er hat mir so oft beim Basteln geholfen, mich unterstützt und motiviert, wenn ich nicht weiterkam. Sei meraviglioso, Fabio! Grazie di tutto. Danke auch an meine Eltern Christina und Josef, die stets für mich da sind.
Zum Schluss noch einen Dank an alle Menschen in meinem Leben, auf die ich immer zählen kann.

ÜBER DIE AUTORIN

Judith Watschinger wurde 1995 in Südtirol geboren. Seit ihrer Kindheit liebt sie es, Sport zu machen, in der Natur zu sein, zu basteln und ihrer Fantasie freien Lauf zu lassen. Seitdem sie 16 Jahre alt ist, hat sie unterschiedliche Erfahrungen mit Kindern an verschiedenen Orten der Welt gesammelt. Besonders gefiel ihr dabei das Kreativsein zusammen mit den Kindern. 2019 schloss Judith ihre universitäre Ausbildung (Bildungswissenschaften für den Primärbereich) ab und ist seitdem als sehr begeisterte Grundschullehrerin tätig.

Ebenfalls erhältlich ...

ISBN 978-3-8411-0271-3

ISBN 978-3-8411-0244-7

ISBN 978-3-8411-0224-9

ISBN 978-3-8411-0211-9

IMPRESSUM

Autorin: Judith Watschinger
Fotografie: Judith Watschinger
Produktmanagement: Svenja Wiglinghaus
Lektorat: Constanze Lüdicke
Korrektorat: Brigitte Schnock
Umschlaggestaltung: Irina von Feury,
Regina Degenkolbe
Layout: Elke Mader
Repro: LUDWIG:media
Herstellung: Kathleen Baumann
Printed in Turkey by Elma Basim

★★★★★

Sind Sie mit diesem Titel zufrieden? Dann würden wir uns über Ihre Weiterempfehlung freuen. Erzählen Sie es im Freundeskreis, berichten Sie Ihrem Buchhändler oder bewerten Sie beim Onlinekauf. Und wenn Sie Kritik, Korrekturen oder Aktualisierungen haben, freuen wir uns über Ihre Nachricht an
Christian Verlag, Postfach 40 02 09,
80702 München oder per E-Mail an
lektorat@verlagshaus.de.

Unser komplettes Programm finden Sie unter

www.christophorus-verlag.de

Bildnachweis
Mütze – Cover, S. 2, S. 118–141: Shutterstock, 301247695 (AgataCreate)

Die Deutsche Nationalbibliothek verzeichnet diese Publikation in der Deutschen Nationalbibliografie; detaillierte bibliografische Daten sind im Internet über https://dnb.de abrufbar.

Infanteriestraße 11a
80797 München

ISBN 978-3-8411-0277-5

Kreativ-Service

Sie haben Fragen zu den Büchern und Materialien? Frau Erika Noll ist für Sie da und berät Sie rund um alle Kreativthemen. Rufen Sie an! Wir interessieren uns auch für Ihre eigenen Ideen und Anregungen. Sie erreichen Frau Noll per E-Mail: kreativ-service@c-verlag.de oder Tel.: +49 (0) 89 1306 99 577.

Besuchen Sie uns im Internet: www.christophorus-verlag.de & www.selbstgemacht.de